复旦卓越·21世纪旅游管理系列

景区服务

方小燕　主编

TWENTY-FIRST CENTURY TOURISM MANAGEMENT SERIES

复旦大学出版社
www.fudanpress.com.cn

总序 Preface

旅游已经成为人类现代生活不可或缺的组成部分，成为当今世界文化经济活动中举足轻重的内容。1992 年，旅游业跃居全球最大产业，十多年来持续发展，已被公认为现代服务的标志性产业，成为带动众多相关行业的朝阳行业。

中国旅游业发展迅速，现入境人数已经居世界第四位。世界旅游组织（WTO）预测，2015 年中国将成为世界最大的旅游入境地；中国国内旅游人数多年高居世界之首。2011 年国内旅游人数 21 亿人次，同比增长 12%，国内旅游收入 1.16 万亿元，同比增长 14%。入境旅游实现恢复增长，出境旅游增长速度继续加快。2010 年中国入境过夜旅游人数 5 566万人次，出境旅游人数 5 739 万人次，出境旅游首次超过入境旅游。《国务院关于加快发展旅游业的意见》更将中国旅游业确立为战略性支柱产业和与人民群众生活密切相关的现代服务业。

民以食为天，餐饮业更是关系着国计民生的战略性社会服务产业。我国餐饮业飞速发展，2009 年营业额已逾二万亿元，十几年来，连续年均增长 20%左右。而烹饪技艺作为中华饮食的核心，是中华四大国宝之一，焕发出新的青春，正走向世界。餐饮业这一传统服务业还在向现代服务业转型，并和现代旅游业相互交叉，相辅相成，互相促进。

旅游业和餐饮业的迅速发展都对专业人才提出了持续增长的需求，同时餐旅行业整体国际化、现代化进程又对旅游（烹饪）从业人员提出了更高的素质和业务要求，推动着旅游教育的发展。2007 年全国开设旅游（烹饪）类专业的院校数为 1 641 所，在校生为 773 757 人。其中高等院校的在校生为 397 365 人，每年旅游类专业高校毕业生就有十多万人。然而因社会转型、高教大众化扩容等诸多原因，每年旅游专业高校应届毕业生进入旅游行业就业率一直徘徊在 10%左右，与每年行业发展所需成百万的人力资源需求相差甚远，餐旅人力资源矛盾凸显，旅游人力资源匮乏已经成为中国旅游业持续发展的瓶颈，旅游（烹饪）高等职业教育呈现出严重滞后的态势，进一步加强旅游高等职业教育势在必行。

面对餐旅高等职业人才奇缺，旅游职业人才培养面临着适应当代社会转型、深化教育改革、加强素质教育的共同课题。

旅游(烹饪)人才有着现代化服务业从业人员的共性,国际化现代化趋向的特点,又各自具有服务和文化技艺的特色,在人才需求和培养中,独具特性。制订定位正确、切实可行的人才培养计划,编写适合于应用型本科和高职高专(旅游烹饪)专业人才的高质量教材,成为当今旅游(烹饪)高等职业教育的紧迫任务。为此,复旦大学出版社在2007年酒店管理专业系列教材编写工作会议暨教学研讨会的基础上,会同全国数十所高校和代表性的旅游企业,共同发起组成了复旦卓越·旅游(烹饪)专业"十二五"规划教材编审委员会,并于2010年6月在无锡召开了旅游管理(烹饪)专业"十二五"教材编写第一次工作会议暨教学研讨会。全国四十多所院校,以及著名旅游企业的五十余位专家、学者,主要围绕旅游和餐饮产业的现状与发展,就旅游管理(烹饪)专业主干课程设置,各教材主编、参编人员,编写体例,教材立体化建设等内容展开了认真研讨,正式启动了旅游(烹饪)专业"十二五"规划教材工程,统一了有关旅游(烹饪)专业"十二五"规划教材编写的主要认识。

一、以"十二五"规划教材建设为依托

教育部"普通高等教育'十二五'国家级规划教材"的申报工作于2010年下半年正式开始,这将更好地贯彻温家宝总理2010年《政府工作报告》中关于中国高等职业教育发展的讲话精神,和国务院关于加快发展旅游业和文化产业的指导思想,有力推进旅游管理(烹饪)高等教育事业。为了更加出色地做好这项工作,复旦大学出版社在应用型本科、高职高专旅游(烹饪)专业调研的基础上,有针对性地设计和推出了旅游(烹饪)专业"十二五"规划系列教材编写计划,并积极落实规划系列教材编写。

二、强化规划教材的实践应用性

旅游(烹饪)专业是实践应用性非常强的专业,"双证制"是高等职业教育的特色所在。因此,在本套教材编写中,我们力图使教材的问世切实符合教学教育发展的特点,做到理论框架体系明晰,又避免冗长的理论推导;以职业目标和劳动服务经营管理过程为教材编写导向,通过岗位调研,在进行职业分析、确定职业能力的基础上改造传统的学科化教材;突出职业教材的能力特色,强化教材的实践应用性,切实改变旅游教材编写内容和方式上存在的剪辑性成果多、研究性成果少,理论内容多、操作性内容少,传统内容多、创新内容少的"三多三少"现象,编写出科学适用的高质量教材。

三、采用校际校企合作的编著方式

旅游管理(烹饪)专业"十二五"规划教材编写是一项教育工程,由政产学研结合、中西部结合、本专科院校结合建设"十二五"规划教材,更是一项创新。系列规划教材编写注重吸收著名旅游企业的经营管理者和专业技术人员,以及政府部门的旅游专业管理人员参与编写;注重本专科院校旅游应用系科的紧密结合;注重借鉴中外旅游教育成果;注重中西部旅游院校教学一线老师的合作;注重南北方代表性旅游教育模式流派兼收并蓄、融汇整合,这些将对旅游(烹饪)教育乃至旅游和餐饮产业的发展产生巨大的推动作用。

四、编写体例和出版型式创新

高等教育包括职业教育和教材改革，要彻底革命，还需脱胎换骨。脱胎，就是走出普教教材的学科模式；换骨，就是建立具有职教特色、能力特色的职教教材的编写体例。在本套教材的编写中，我们力求做到与传统的应用型本科、高职高专教材有所不同。例如，每章前面都配有学习目标、关键概念，章内还配有要点提示、资料补充、课件使用、活动背景等小单元，每章后按教学需要配有不同程度的习题和案例。

同时，以电子化教育资源丰富纸质教材，增加教材的直观性和仿真性。过去的教材只是纸质的教材、教参、试题，版本单一，而且由于教材出版周期的问题，教材内容往往与专业技术发展实际有一定距离，因而学校对教材内容滞后、需要增加新的内容和教学手段的呼声甚高。在本教材的编写中，我们着重开发电子仿真教具，通过电脑演示、模拟案例等手段，使学生对服务工作、经营管理等专业内容一目了然。这不仅丰富了教材，节省了学校人、财、物的投入，而且使学生在静态中接受知识变为了在动态中理解知识。

复旦卓越·旅游(烹饪)专业“十二五”规划教材编审委员会

前言 Foreword

旅游景区服务是旅游管理专业学生毕业后的主要就业方向之一。景区服务工作是旅游景区中最基本的工作，对于整个旅游景区的正常运作具有非常重要的作用。本课程的主要功能是培养学生掌握景区票务操作能力、景区景点讲解能力、景区旅游商品的销售能力以及景区向导、旅游项目介绍和突发事件处理的咨询服务能力，同时具备一定的管理能力。

本课程立足于学生实际职业能力培养，以就业为导向，彻底打破原有课程的理论教学体系，突出课程的应用性和可操作性。把原课程转变为以工作任务为中心组织课程内容和课程教学，让学生在完成具体项目的过程中来掌握相关理论知识，并发展职业能力。课程内容以行业专家对旅游管理专业的工作任务与职业能力分析结果为依据，以景区服务流程和工作项目为线索，结合岗位工作所需的相关职业能力要求制定。本课程共包括景区票务服务、景区讲解服务、旅游商品销售服务、景区综合服务、景区服务质量控制 5 个学习项目。课程内容突出对学生职业能力的训练，理论知识的选取紧紧围绕工作任务完成的需要来进行，同时又充分考虑了高等职业教育对理论知识学习的需要，并融合了相关职业资格证书对知识、技能和态度的要求。

按照情境学习理论的观点，只有在实际情境中学生才可能获得真正的职业能力，并获得理论认知水平的发展，因此本课程要求打破纯粹讲述的教学方式，实施项目教学以改变学与教的行为。这是教学模式的一个重大转变，要有力地推动这一转变，需要以项目为载体来组织课程内容。在项目课程设计中，项目载体设计是一个关键环节。每个项目的学习都以景区服务的业务流程和职业能力要求作为活动的载体，以工作任务为中心整合相关理论和实践，实现做学一体化。教学过程中，通过校内模拟实训、社会实践等多种途径，采取景区实习和学校教学交替等形式，充分开发学习资源，给学生提供丰富的实践机会，强化景区服务规范和操作技巧的训练，注重景区服务艺术和应变能力的培养。教学效果重点评价学生在景区服务方面应具有的职业能力。

参加本教材编写的人员都是在高职院校旅游专业从事景区服务(二)课程教学的一线教师,教材中较多地体现了他们的教学积累和研究成果。

本书由方小燕老师担任主编,参编人员由行业专家和企业骨干组成。

本书由方小燕老师对全书作了总纂。在编写过程中,得到华东师范大学职成所专家的指导。同时,成书过程中我们参考了国内外大量的资料和文献,在此向它们的作者表示衷心感谢。

由于时间和编著者水平有限,本书的不足和疏漏之处在所难免,敬请专家和读者指正。

编者

2011 年 7 月

目录 Contents

项目三　旅游商品销售服务

项目四　综合服务

5 项目五 景区服务质量控制

项目一 票务服务

导入语

景区票务服务是游客接触景区的第一环节。做好票务工作对提升景区形象、增加景区吸引力有非常重要的作用。如何做好看似简单却颇有内涵的票务工作呢？本项目将从订票、售票、检票三个工作环节来教授票务服务方法和技巧。

目标与要求

最终目标：

能完成景区票务订票、售票、检票工作。

促成目标：

1. 能接受订票，解答票价折扣优惠问题。
2. 能使用售票软件系统售票，识别假币，完成收银。
3. 能有序组织游客进行检票，处理优惠票和儿童票问题。
4. 能正确处理游客的排队问题。

项目工作流程图

订票服务 ⇨ 售票服务 ⇨ 检票服务

学习任务书

项目一的学习任务书见表1－1。

表1－1　项目一的学习任务书

项目模块	学习任务	课时
散客票务服务	能解答票价折扣优惠问题	2
	能识别假币，完成收银	2
	能有序组织游客进行检票，正确处理优惠票和儿童票问题	6
团队票务服务	能解答票价折扣优惠问题	2
	能有序组织游客进行检票，正确处理排队问题	4

模块一　散客票务服务

学习目标

最终目标：

能完成散客的票务工作。

促成目标：

1. 能解答票价折扣优惠问题。
2. 能识别假币，完成收银。
3. 能有序组织游客进行检票，正确处理优惠票和儿童票问题。

学习任务

1. 解答票价折扣优惠问题。
2. 有序组织游客进行检票，正确处理优惠票和儿童票问题。

任务1　散客订票服务

知识要点

一、订票途径

1. 电话订票

通过电话预订门票，采用送票上门或售票处领票的服务方式。

2. **网上订票**

网上订票是游客将希望咨询和订购的票务信息用 E-mail 形式发送至景区网站或者代理商、分销商网站，使用信用卡支付景区门票费用的形式。由于网络的广泛使用，越来越多的旅游城市和景区采用游客接待信息系统，利用现代化的手段向游客发布各种旅游信息，提供交互式搜索，及客房、景点门票、餐饮、交通等预订信息服务。

3. **售票处订票**

游客可在景区售票处或服务中心预订或购买门票。

4. **通过旅行社订票**

有代理权的旅行社可以提供预订服务，而且有些旅行社所提供的旅游套餐中，已包括景区门票。

二、订票流程

1. **填写预订日期**

当游客打入订票电话或成功登录电子商务网站后，首先选择预订景区，再选择预订日期。

2. **选择要订购的票务类型和数量**

票务类型指团队票或散客票、成人票或儿童票、普通票或优惠票等分类，不同种类票价因情况不同而有所不同，数量指订票人实际需要预订的票的张数。

3. **填写领票人信息**

领票人是订票过程中最重要的直接联系人，需要将其确切信息详细记录备案，订票是否确立以及何时何地来领票都需要凭此信息进行传递。

4. **确认订单**

订票是否成功，自订票开始到信息反馈的时间跨度，要视具体情况而定。有些网站预订时，可以即时查阅是否预订成功的信息，但也有一些网上订票或现场订票需要一定的等待时间，尤其是在旅游旺季等特殊时期。

5. **网上或现场支付**

如选择网上支付，在欲支付银行右边点击“在线支付”，将进入银行的在线支付系统。如支付成功，将提示您“交易成功”，订单状态从“未支付”改变为“已支付”。

6. **现场取票**

当订单支付成功后，订单状态为“已支付”，即可以在规定时间内由取单人到指定的领票点取票。取票时，取单人必须提供订单号和订单上所注明领票人的有效证件。尤其需要注意，一定要提前预订景区门票，最早只能提前 15 天左右，同时预订时间与出票时间一般不得少于 1 小时。

现有一家五口人，其中一位 10 岁儿童，欲前往无锡灵山景区游玩，现请你用 2 种以上方法为他们完成订票。

要求：(1) 通过网络、电话等途径进行实战模拟，完成订票任务。

(2) 注意订票流程的运用和练习。

旅游门票

旅游门票被称作景区的"名片"。尤其近年来，伴随旅游业的迅猛发展，各地越来越重视景区"名片"的包装设计，门票设计越来越注重个性化，越来越贴近百姓的生活。形形色色的旅游门票精彩亮相，成为旅游界一道亮丽的风景线。

门票形状：千变万化

以往人们看到的景区门票都是长方形的，如今的门票却是形形色色，正方形、三角形、圆形、梯形、菱形，样样都有。如上海复兴公园使用的是圆形门票，天津儿童活动中心门票是梯形的。一大批异型平面门票也纷纷取胜。中国蜜蜂博物馆的门票，是蜂窝形状的；南京龟鳖博物馆的门票，是乌龟形状的；广东佛山寺庙的撞钟门票，是古钟形状的；亚运会的游园门票，是吉祥物盼盼的造型；杭州的龙井山公园门票，则是盆景形状的，花盆作票根。令人叫绝的是，南京古城墙门票由104张单票组成，宽0.15米，总长4.68米，联成26幅画面的长卷，展示了明代南京城墙的13座城门及18处胜景，被作为世界最长的门票收入吉尼斯纪录；镇江中外旅游门票博物馆开馆时，别出心裁地设计了体现镇江山水风光的门票供剪彩用，长4米，宽1.2米，堪称世界最大的门票。

门票材质：千奇百怪

目前门票的材料也越来越花样百出——有可听的音乐票、可闻的香味票、可打的扑克票、可看的光盘票、可用的明信片票、打火机票，加上各种金属票、标本票、工艺票等，涵盖了众多艺术门类，无不让人赏心悦目。淮安周恩来纪念馆有种音乐门票，一打开就响起的音乐，激发起人们对周总理的怀念之情；周恩来故居使用了金卡门票。还有南阳诸葛庐的镀银门票，故宫中国文物精华展的铁质票，上海桂花节的树叶标本票。北京大钟寺门票是陶瓷的，黄山的一种门票是麦秆制作的，无锡旅游展示会门票则是泥塑戏剧脸谱。另外，成都杜甫草堂门票、贵州黄果树瀑布门票上都嵌有纪念币。各种门票争艳斗奇，趣味横生。

门票品种：千姿百态

随着时代的进步，旅游门票制作水平、科技含量不断提高，并逐渐形成潮流，这在旅游门票千余年的发展史上是绝无仅有的。过去的门票多是纸质、塑料的，近几年先后流行纪念门票、磁卡门票、明信片门票，一浪高于一浪，防伪门票、光盘门票、指纹门票、隐形门票也接踵而来。深圳锦绣中华、北京人民大会堂、西藏扎什伦布寺，用的是小如名片的光盘门票；张家界用的是指纹门票，技术含量业界领先；颐和园的隐形门票，交钱后在手上盖上沾有隐形液的图章即可入园，24小时后自动消失，对人体无害。有的景区还将成套的门票包装成册，用于宣传珍藏，如昆明世博园门票册、九寨沟门票珍藏册、北京颐和园门票册等，一册在手，美景全拥有。为了扩大门票的艺术和文化内涵，不少景点还开发出各种系列券、套券、联券等。四川绵竹年画博物馆使用一套12枚的门票，全是手工绘制的年画；

镇江旅游门票博物馆用的一套8枚《白蛇传》剪纸门票，浓缩了爱情故事的主要情节，是中国首套连环画门票；上海博物馆开馆时用的四方联文物图案门票，展现了馆内各具特色的四大陈列；武汉市黄鹤楼等12个著名景点门票，背景图案拼起来就是武汉全景图；山东济宁人民公园用的是《水浒》系列门票，一套就是108枚，梁山一百单八好汉跃然券中。旅游门票以其独特的知识性、趣味性，吸引了越来越多的人对它进行收藏。据了解，全国爱好门票收藏的有十多万人，门票收藏已跃居全国民间十大收藏的第五位，甚至在江苏省镇江市，还诞生了国内首家旅游门票博物馆。

任务2 散客售票服务

游客来到景区，最先接触的就是景区售票工作人员。售票工作人员的服务态度、专业知识水平直接决定着游客对景区的“第一印象”，直接影响游客在景区随后的游览心情和评价认可。因此，售票工作人员是打开游客心灵的第一把钥匙，也是最重要的一把钥匙。

一名优秀的景区售票工作人员，不仅需要具备专业的操作技能，更需要具备服务态度、服务技巧、服务礼仪，同时能深刻认识到售票工作的重要性，具备服务意识和职业素养。

假钞之争

以下是一位大学生游客Q的投诉：那是阳光明媚的一个周末，我和朋友一起去z景点玩。可刚到售票处，就发生了一件很让我们不愉快的事情，差点吵了起来。售票窗口里面坐着一位售票员，她身边还坐着一位中年妇女，因为没穿制服，很难判断是不是景区人员。窗上贴着“门票10元一张，1.4米以下半票”的告示。我和我的同学共两个人，没有零钱，于是就给了一张50元，我只有一张50元，拿出去时外观有些破旧，但我没想到会引起后面的不愉快。售票人员接过钱，摸了一摸；看了我一眼，然后转头对坐在旁边的中年妇女说：“你看看这张？……”站在窗口的我们，没有听清楚她们具体的谈话。但她和中年妇女说话时的神态极不自然，好像在怀疑什么，又不时带着异样的眼神，往我们身上扫视。好久之后，售票员把那张50元钱又递出来，“这钱是假的，你换一张！”她说。我立刻证实了之前被怀疑的感觉，气愤起来：“干吗要换啊？虽然这钱是旧了点，但绝对不可能是假的！”售票员见我生气了，但依然很冷漠，又说：“你换一张吧，收进假钞我们要自己赔的。”我很生气，几乎想甩袖而去，但考虑到邀请同学来游玩，发生这样尴尬的事情谁都不想看到，于是很不情愿换了一张崭新的100元给售票员。她接过钱时，脸上那种得意的笑容，像是对我绝大的讽刺。这次游玩让我很失望，很气愤，景区售票人员凭什么怀疑我的钱是假的？不过，我更在乎的是售票人员的处理方法。这让我觉得人格受到了侮辱，我要投诉她！

【案例分析】案例中讲述的是售票工作中常见的有关假钞问题的处理，这是售票工作中的一大难点。之所以说它是难点，首先售票工作中很容易收到假钞，售票人员一旦收到假钞按规定必须由当班人员进行赔偿。其次假钞问题一旦出现，伴随其中的不仅仅是针对假钞本身的处理，更多的是售票人员和游客之间针对假钞本身产生的争执的处理。此外，售票人员在拒绝过程中也会为假钞的真伪与游客进行争执，弄得双方都不愉快，所以，售票人员应具备一定的鉴别货币真伪的知识，以免收到假钞。假钞问题的处理不仅需要技术，更需要意识。售票人员应在服务意识上培养自己敢于面对假钞、坦然面对假钞问题的意识。售票工作中这是一个不能避免的问题，因此不需要惧怕收进假钞，或一旦怀疑是假钞就出现神情紧张、举止不自然的状况。案例中的售票服务人员就存在此种情况。引起游客强烈不满的因素，往往不是假钞本身，而是针对假钞所展开的辩驳和争执。绝大多数的游客在使用假钞时也是受害者。这就需要我们换位思考，体谅游客初发现假钞时的心情，礼貌地予以指出。因此，在假钞处理中，要始终贯彻"礼貌协商解决"的原则。

当发现收进的钱有可能存在假钞问题时——

服务人员：对不起，请您稍等。

经过验证的确是假钞时——

服务人员：对不起，先生(女士)！我有些遗憾地告诉您，您需要重新验证这张钱。

经游客检验后，游客如果还有疑问——

服务人员：如果您还有所怀疑，您当然可以在我们的识别机上测试一下。

游客愿意更换假钞后——

服务人员：谢谢您，这是您的票，祝您在本景点内游览愉快！

如果遇到已证实是假钞但拒不调换的游客，怎么办？

礼貌劝解，态度合理。

及时报告上级主管和通知保安。

如果妥协收受假钞，服务人员将赔偿损失。

优惠票之争

H景点入口售票处，一个三口之家高高兴兴地准备买票。父亲对售票服务窗口内的服务人员说："买两张成人票。"售票服务员目测了一下孩子的身高，对孩子的父母说："您好，我们景区实行优惠票制度，如果您的孩子身高在1.1米以下，您可以享受免票政策，请这位小朋友到这里来测量一下身高吧。"母亲急忙说："我儿子不到1.1米，还差一些。"服务员微笑着指引方向，请小孩子去测量身高。小男孩蹦蹦跳跳到了测量仪器上，测量结果显示，他的身高，刚好过了1.1米线。服务员礼貌地对他的父母说："您的孩子已经超出

1.1米了，需要购半价票，两张成人票一张儿童半价票，共350元。”母亲似乎看起来很不情愿，说：“你们这尺寸会不会不准，我们前几天刚在家里量过，没到1.1米啊。我的孩子这么小，也要买票吗？”说话之间去看孩子的父亲，很希望得到他的支持和帮助。服务员仍旧保持微笑解释说：“我们的测量仪器定期检查，一定客观、标准，这点请您放心。”接着转头对着迫不及待想要冲进园区里去的小男孩说：“这位小朋友看起来比同龄人都要高呢！”小男孩也笑着回答说：“是啊，我在班里是长得最高的呢！”说完还看看妈妈，脸上尽是骄傲的神色。母亲尴尬地笑笑，小孩子的父亲在边上说：“算了，快买吧，看儿子已经跃跃欲试了。”于是三口之家顺利购买了门票，入园游玩了。

【案例分析】一般的景区都会对不同人群实行差别定价。如，小孩儿身高在1.1—1.3米之间的，只需买半票，而在1.1米以下的则免票。虽然在售票窗口和验票处都会有测量身高的刻度计，但每个售票人员可能都有过与游客争论高矮的经历。有部分工作人员因不愿与游客发生争执，便选择听之任之的方法，把球踢给了验票口。殊不知，这样做至少会带来三个后果：一是给验票人员的工作增加难度，影响景区间口的畅通与效率；二是使其他游客心里产生不平衡的感觉，甚至也会提出享受同等待遇的要求，导致其他游客对景区产生不良印象；三是如果这些游客再回来补票，不仅增加售票的工作量，也会延长其他游客的购票等候时间。

(1) 不要与游客发生争执，应热情、礼貌地向游客说明门票价格优惠制度，争取游客的理解。

(2) 向游客解释时，应注意说话的方式，尽量站在游客的角度，选择合适的表达方式。比如适当赞美游客的小孩，并善意提醒家长孩子知道他有多高，不要在孩子心里留下阴影。

遇到个别特别固执的游客，也可以灵活处理，比如干脆请他做一次质量监督员，对景区服务的各个方面提出意见，作为回报，他可以免票入园。这样做皆大欢喜，游客心里得到了极大的满足，景区也得到了关于服务质量的第一手材料。

一、服务流程

(一) 售票前准备工作

(1) 参加班前会，按规定着装，佩戴工作牌，仪容整齐，化妆得体。

(2) 查看票房门窗、保险柜、验钞机、话筒等设备是否正常。

(3) 做好票房内及售票窗外的清洁卫生工作。

(4) 若当日出于特殊原因票价有变，应及时挂出价格牌及变动原因说明。

(5) 根据前日票房门票的结余数量及当日游客的预测量填写门票申领表，到财务部票库领取当日所需的各种门票，票种、数量点清无误后领出门票。

(6) 根据需要到财务部兑换钱币，保证每日所需的零钞。

(二) 售票工作流程

(1) 客人走近窗口，售票员向客人礼貌问候“欢迎光临”，询问购买的票数。

(2) 售票员根据《门票价格及优惠办法》向客人出售门票，主动向客人解释优惠票价的享受条件。售票时做到热情礼貌、唱收唱付。

举例：您好，收您100元，每张30元，共60元，找您40元，请收好。

您好，门票50元一张，您买两张，100元正好，请收好门票。景区里还有两个小景点需要验票。

(3) 售票结束时，售票员向客人说“谢谢”或“欢迎下次光临”等用语。

(4) 向闭园前1小时内购票的游客提醒景区的闭园时间及景区内仍有的主要活动。

(5) 游客购错票或多购票，在售票处办理退票手续，售票员根据实际情况办理，并填写退票通知单，以便清点时核算。

(6) 根据游客需要，实事求是地为客人开具售票发票。

(7) 交接班认真核对票、款数量，核对门票编号。

(8) 售票过程中钱款、票数出现差错的，及时向上一级领导反映。

(9) 热情待客，耐心回答客人的提问，游客出现冲动或失礼时，应保持克制态度，不能恶语相向。

(10) 耐心听取游客批评，注意收集游客的建议，及时向上级领导反映。

(11) 发现窗口有炒卖门票的现象要及时制止，并报告安保部门。

二、售票员岗位职责

(1) 售票员必须严格按设备操作程序开启、关闭及使用售票系统，对售票设备进行日常维护。

(2) 熟悉制票机的操作，准确无误地为游客打制有价票据及免费票据。

(3) 配合中心票务人员做好票款及有效凭单的交接工作。

(4) 严格按退票程序为游客提供退票服务。

(5) 售票室设备出现故障时，应立即与系统维护员取得联系及时修复。

(6) 交接班时按规定完成售票设备的交接工作。

(7) 确保售票设备不受破坏。

(8) 不使用售票设备做与售票业务无关的事情。

(9) 系统维护人员对售票机进行参数设置或数据修改时，售票员必须主动回避。

三、景区门票优惠范围

(1) 身高低于1.1米(不含1.1米)的儿童免票。

(2) 身高1.1—1.4米(不含1.4米)的儿童购半价票。

(3) 身高1.4米以上(含1.4米)的儿童购全价票。

(4) 年龄在65周岁以下的游客购全价票。

(5) 年龄在 65 周岁(含 65 周岁)至 69 周岁的老人凭身份证购买半价票。

(6) 年龄在 70 周岁以上(含 70 周岁)的老人凭身份证免费入园。

(7) 残疾人士入园按政府相关规定执行。

四、假钞辨别方法

(1) 这里有隐形的"100"字样,需要把票面放得和眼睛接近平行,对着光源才能看到。而假币是直接印上去的,任何角度都能看到"100"。

(2) 这几处图案和文字,用手摸,凸凹感会非常明显。假币没有凸凹感。

(3) 金属线。真钱是完整的一条,假币中间一般有明显断续。

(4) 对着光亮看,真币两面的图形会合在一起,成为一个非常完整的中国古铜钱"孔方"形状。而假币全都不能合成圆形,非常明显。

(5) 这里也有个"100"的隐形字样。假币也有,但和真币对照看,差别很明显。

(6) 把真钱上下晃动,这个"100"的字样会变颜色,一会儿变蓝一会儿变绿。假钱完全不变。

五、收款注意事项

售票人员一旦收到假钞,按规定须由当班人员进行赔偿;有时售票人员在找补过程中也会和游客为钞票的真伪进行争执,弄得双方都不愉快。所以,售票人员应具备一定的鉴别货币真伪的知识,以避免收到假钞。

(1) 一般地说,可以用"一看、二摸、三听"的方法辨认假钞。一看。看颜色、变色油墨、水印。真钞印刷精良、颜色协调,水印具有立体感;假钞颜色模糊、色彩不协调,水印只有一边或无立体感,纸张较差,防伪金属线或纤维线容易抽出。二摸。摸水印、盲文。真钞手感较好,水印、盲文立体感强;假钞较绵软或很光滑,盲文不明显。三听。听声音,假钞抖动发出的声响或太清脆或无声响。

(2) 收款时,最好不要当着游客的面,把钞票一张一张地拿到灯光下照看,这样做令人很不舒服,缺乏信任感。这也要求售票人员掌握较娴熟、自然的方法有效地鉴别货币的真伪。如发现有问题的钞票,应与游客礼貌协商,请其重新换一张,找补后请游客自己验证。

(3) 钱在人在,交接清楚。在售票工作当中,必须要保管好自己的钱箱。钱一定要当面点清,一转身,出现差错,就无法说清了。但在实际的工作过程中,特别是旅游旺季游客众多的时候，难免会发生顶替上岗或请人代换零钞等情况，这个时候有些工作人员可能会因为嫌麻烦或面子问题（担心当面点钱是对对方的不尊重和不信任）而省略了当面交接这一程序，事后一旦发生差错往往会后悔莫及、有口难辩。所以，每一位售票工作人员都应树立这样的观念，即“钱在人在，交接清楚”。这不仅是保护自身利益、减少事后麻烦，同时也是尊重对方、保护对方利益的表现。

(1) 学生分组训练辨别不同面值的人民币，掌握假钞识别方法。

(2) 学生创设优惠票之争的场景，分角色扮演游客和景区售票人员，使用技巧解决该类问题。

任务3 散客检票服务

检票工作关系着景区经济效益能否真正实现，同时，它也担负着维持景区良好秩序的重要职责。随着现代科技的发展，越来越多的景区使用电子检票系统，但仍需要工作人员提供服务。

无票入园的尴尬

10名中学生经过7个小时的翻山越岭，从福建连江的覆斧山来到旅游景点青芝山，正当凌晨他们准备下山时，青芝山景点售票处工作人员拦住了他们下山的路。售票处工作人员要求每人交20元门票钱才可以下山。学生们认为没有逛过一个景点，只是借道下山，却要交与到青芝山游玩的游客一样的费用，不愿买票，于是被困山上。

人工验票的“人情关”

某景点检票口，景区服务人员甲将两位游客带至检票处服务人员乙处，说：“这是我的两位亲戚，今天来看看我，顺道到景点里去逛逛，你通融一下，我带他们进去吧。”乙面露难色，但又碍于情面，不好拒绝，只好让甲把两位游客免票带入景点了。

请思考：(1) 服务人员怎样解决验票服务中游客无票入园的情况？

(2) 人工验票与机器验票有哪些差异？

一、检票工作流程

(1) 开园前做好入园检票工作区（图1-1）周围的卫生工作，备好导游图，做好开园准备。

(2) 开园后工作人员站在检票位，精神饱满，面带微笑，用标准普通话热情礼貌地回

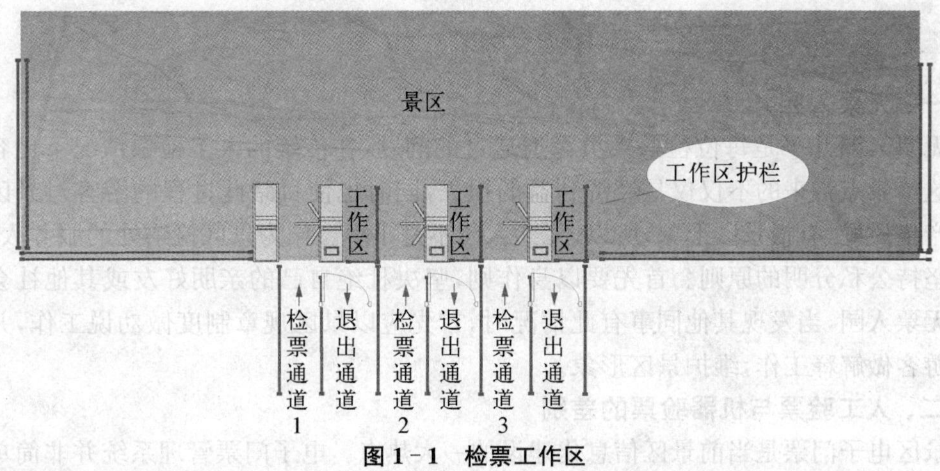

图 1-1　检票工作区

答游客询问，掌握票价、景区名称、礼貌用语等，会简单的英语对话。

(3) 游客入园时，验票员应要求客人人手一票，并认真查验。设有自动检票机的景区，验票员应监督、帮助游客通过电子检票系统检查，当自动检票机出现故障时，进行人工检票。不得出现漏票、逃票、无票放人现象，并向游客用“欢迎光临”等礼貌用语。

如：您好，欢迎光临！请拿好票，往这边走，祝您玩得愉快！

(4) 控制人流量，维持出入口秩序，避免出现混乱现象。对持无效门票入园的游客，说明无效原因，要求客人重新购票。

(5) 熟悉《门票价格及优惠办法》，并按要求查验。

(6) 熟悉旅行团导游、领队带团入园的查验方法及相应的免票入园规定。

(7) 残疾人或老人入园时，应予以协助。

(8) 始终保持闸口的有序和卫生。

(9) 如遇闹事滋事者，应及时礼貌制止、耐心说服，如无法制止，立即报告安保主管。切忌在众多游客面前争执，且应引到一边进行处理。

二、检票员岗位职责

(1) 熟练掌握条形码票证的检票操作，主动协助游客检票，快速通过检票口。

(2) 认真核对票卡使用者身份，如发现非本人使用，有责任给予没收处理。

(3) 熟悉检票机性能及其工作原理，每天按程序负责检票机的开启、关闭及加盖防护罩。

(4) 工作期间有责任确保检票机不受损坏。

(5) 对于欲从检票口翻越入站的违规行为和破坏检票设备的行为，有责任予以警告、阻止。

三、检票员行为规范

(1) 严格各种票卡的核对、检票工作，不徇私情，杜绝任何违规放行行为。

(2) 检票员严禁在检票机上放物品，不倚靠检票机。

(3) 检票员严于律己，不得翻越检票设备。

一、无票入园

无票入园几乎是每位检票人员都遭遇过的问题，在传统的人工检票情况下更容易出现。这给景点带来的不仅仅是经济利益的损失，同时也使目睹此过程的游客对景区规范管理产生质疑，有损景区形象，所以，无票入园不是小事。作为景区检票处的服务人员，务必要坚持公私分明的原则。首先要以身作则，坚决杜绝自己的亲朋好友或其他社会关系人员无票入园，当发现其他同事有此情况时，首先应以景区规章制度做劝说工作，并礼貌地向游客做解释工作，维护景区形象。

二、人工验票与机器验票的差别

景区电子门票是当前景区信息化建设的一大热点。电子门票管理系统并非简单的售票管理系统，其强大的智能化功能，克服了人工售检票模式固有的速度慢、财务漏洞多、出错率高、劳动强度大等缺点，为景区的科学管理提供了技术支持。

情景一：景区检票处一位中年妇女带着她的孩子入园，声称孩子身高未满 1.2 米，执意不肯为孩子买票，并且与工作人员争吵起来。

情景二：十一黄金周期间景区检票处人满为患，有一游客乘着人多逃票溜进了景区内，检票人员在后面大声制止无果。

情景三：景区同事小王带着他家亲戚三人来到检票处，要求给个人情放他们进去。

活动内容与要求：

(1) 将全班同学按 6 人一组分组讨论，拿出三个情景案例的解决方案，要求 PPT 汇报解决方案。

(2) 各小组模拟表演各情景案例，要求小组分工合作，表演合情合理、符合实际。

模块二　团队票务服务

◉学习目标

最终目标：

能完成团队的票务工作。

促成目标：

1. 能解答票价折扣优惠问题。
2. 能有序组织游客进行检票，正确处理排队问题。

◉学习任务

1. 能解答票价折扣优惠问题。
2. 能有序组织游客进行检票，正确处理排队问题。

范例载体：常州中国旅行社有一30人中学生团，后天要到无锡鼋头渚风景区旅游，现请你为他们提供团队票务服务。

学生活动载体：苏州青年旅行社有一30人的老年团，5日后要到无锡灵山景区旅游，现请你为他们提供团队票务服务。

课外学习载体：安徽中国国际旅行社有70人的旅游团，一周后要到无锡三国城旅游，请你为他们提供团队票务服务。

任务1　团队订票服务

学生团订票

(1) 接到常州中国旅行社计调的订票电话后，确认其订票人员身份的真实性。

(2) 根据与常州中国旅行社之间签订的鼋头渚景区门票协议价商定订票事宜。

(3) 电话与常州中国旅行社确认订票事宜：团体类型为学生团，可以享受学生价的优惠；游览人数为30人，其中男生19人，女生9人，2名带队老师；游览时间为1天，游览景区项目包括鼋头渚和太湖仙岛，不需要在鼋头渚景区安排午餐，需要安排团队游船，需要聘请鼋头渚景区导游。

(4) 根据电话确认的内容向对方发出传真确认件。

(5) 接受对方确认件，核对内容是否有更改，确认件需加盖常州中国旅行社印章。

(6) 将预订信息汇总报鼋头渚景区团队售票处。

一、团队门票协议价

旅游景区是生产旅游产品的“工厂”，旅行社是组合包装产品的“销售中心”。景区由于不了解中远距离的客源市场，靠自己的销售存在一定的局限性。景区特别是新开发的景区需要旅行社帮它开发客源市场，带动人流涌向这个景区。老的景区也需要与旅行社共同策划包装，不断推陈出新，通过旅行社进一步扩大影响。

景区通常会在一个地区选择几家有影响力有号召力的旅行社推介销售景区产品。景区会与旅行社签订门票协议，根据市场营销策略和各地区旅行社对景区贡献大小，各旅行社之间的协议价格不同，比如天目湖景区对于安徽地区的协议价就要比江苏地区低。

景区门票优惠协议

甲方：　　　　　　　　　　　　　　　　　　乙方：

法人代表：　　　电话：　　　　　　　　　　法人代表：　　　　　　电话：

甲、乙双方本着共同开发旅游市场，友好合作，互惠互利的原则，就双方在旅游业务方面达成如下协议：

一、甲方景区2010年门票价格及优惠价格(见表如下)

白石山景区(东、西线)	十瀑峡景区	仙人峪景区
原票价50元/7折	原票价35元/7折	原票价35元/7折
折后票价35元	折后票价24.5元	折后票价24.5元

二、乙方享受门票优惠的条件

1. 乙方必须是依法注册的合法经营游客游览业务的机构。

2. 按协议业务范围自愿组团到甲方景区游览的。

3. 乙方必须在当地媒体采取多种形式推介甲方的旅游产品。

4. 乙方在广告媒体上的旅游线路报价不得低于甲方的参考报价，否则甲方将不给予乙方优惠。

三、甲方的优惠办法

1. 乙方在承诺满足以上条件后，甲方给乙方门票7折优惠。

2. 为鼓励乙方的积极性，经双方协商，甲方给予乙方一定奖励，其奖励方法以实际到达购票人数计算，内容如下：① 501—1 000人按5元/人奖励乙方；② 1 001—2 000人按10元/人奖励乙方；③ 2 000人以上甲乙双方协商后，甲方给予乙方奖励。

3. 乙方带团队到甲方的景区游览，领队或导游需携带团队订票传真确认单和出团证明，缺少其中任意一项，购买全票。导游、司机凭有效证件免门票。乙方组织的学生团，凭学生证执行半价(中、小学生)。

4. 本协议中的门票优惠办法适用于白石山世界地质公园、十瀑峡、仙人峪、空中草原景区，累计奖励只适用于白石山、十瀑峡景区。

四、乙方在组团过程中，要注意旅行安全，杜绝旅游安全事故。在旅游途中发生旅游安全事故，由乙方负责。在甲方境内(景区外)因乙方原因出现相关安全事故时，甲方可协助乙方处理，但事故本身所产生的费用由乙方承担，在甲方景区内属于甲方或乙方责任所导致的安全问题，按惯例解决。

五、协议于本年度的12月底终止，未尽事宜双方另行协商解决。

六、本协议甲、乙双方各执一份。双方签字盖章后生效。

甲方：(盖章)　　　　　　　　　　　　　　　乙方：(盖章)

年　　月　　日　　　　　　　　　　　　　　年　　月　　日

二、团队订票流程

(1) 根据景区与旅行社签订的协议价与对方计调联系团队订票事宜。

(2) 确认团队来景区旅游的日期、团队名称、人数、游览内容、用餐住宿、景点导游、景区内交通、联系人和联系方式。

(3) 根据确认信息填写传真件，给对方旅行社发出传真确认件。

(4) 接受对方回函，回函需加盖对方旅行社印章，将订票信息汇总报团队售票处。

三、团队订票的重点

(1) 团队类型不同，门票优惠价格不同，比如老年团和学生团。

(2) 旅游团来自的区域不同，门票优惠力度不同，比如来自上海和来自安徽。

由于景区与各旅行社之间签订的协议价不同，团队门票和散客门票价格不一致，因此

在景区容易出现倒票和走团现象，团队订票人员一经发现要严厉制止，并上报领导处理。

一、倒票

景区为了开拓市场，批量销售，往往给予团队以优惠的门票价格，从而形成了团队门票与散客门票之间的价格差异。部分带团导游为了从中谋取差价利益，往往会通过预订中心多报人数订票，将多报的门票数额转手卖给当日在景区门口的散客。

二、走团

根据市场营销策略和各地区旅行社对景区贡献大小，各旅行社之间的协议价格不同。为了赚取差价，一个地区的旅行社以低价获得景区协议价门票后，倒卖给另一片区的旅行社。

1. **活动目标**

能为老年团提供订票服务。

2. **活动内容与要求**

(1) 将全班同学按6人一组分组设计团队订票服务情景，拿出方案。

(2) 小组人员分工，分角色扮演景区订票人员和旅行社计调，模拟订票场景。

任务2 团队售票服务

学生团售票

(1) 请团队导游出示导游证，常州中国旅行社开出的任务单和本景区给予的传真确认件。

(2) 根据团队订票中心上报的预订信息汇总表核对传真确认件内容是否一致，如果有出入联系本景区负责订票的业务人员，查实相关事宜。

(3) 请对方出示28位学生的学生证，如果有学生没带学生证，不能享受优惠门票价格。

(4) 根据传真确认件内容，联系导游服务中心，为对方派遣鼋头渚景区讲解员。

(5) 联系游船部，为常州学生团准备好太湖仙岛的团队游船。

(6) 开出团队发票，收款。

(7) 打印电子门票，发门票。

一、团队售票服务流程

(1) 办票员凭传真确认件办理团队票，同时通过景区前一天的预订汇总单确认团队票。

(2) 核对团队票人数,游览景点,请导游出示导游证、任务单和回传确认件。

(3) 团队中需要购买优惠票的,说明购买优惠票条件,同时请出示相关证件。

(4) 开出团队票门票发票,收款。

(5) 打印电子票,发门票。

二、团队景区门票优惠范围

(1) 15 人以上免费派导游。

(2) 儿童:1.2 米以下免票,1.2—1.4 米之间半票。

(3) 免票:残疾军人证、现役军官证景区第一大门免票。

(4) 老年团和学生团享受门票优惠政策。

特殊团队类型

VIP 团队:不产生旅游费用,由景区免费提供接待服务,比如政府接待、同行踩点。

签单团队:景区与企业单位签订协议,平时旅游只用签上负责人名字,旅游费用年底一次性结清。比如各部委办局、事业单位。

老年团:需男满 55 周岁、女满 50 周岁,持身份证或老年证。

学生团:持学生证或统一着装。

1. 活动目标

完成售票工作。

2. 活动内容与要求

(1) 将全班同学按 6 人一组分组设计团队售票服务情景,拿出方案。

(2) 小组人员分工,分角色扮演景区售票人员和团队导游,模拟售票场景。

任务 3 团队检票服务

景区入口是游客进入景区的第一印象区,是关系到形象的大问题。由于旅游的季行性较强,经常会出现旅游旺季入口堵塞的情况,造成游客长时间排队等候。另外,景区内游客必玩项目也很容易出现排长队的情况。如果分流措施不力,会降低游客的满意度,损害景区的声誉。

雪山飞龙

深圳欢乐谷主题公园在其许多重点的游乐项目上目前都采取主题队列的接待方式，最典型的是“雪山飞龙”。“雪山飞龙”是以中国西北大山深处小红龙与“长麻鬼”殊死搏斗的故事为背景的。其排队区通过外围老宅、古庙，内部曲折幽暗的通道、怪异的装饰等景致，以及区内循环播放的故事片来营造氛围，使游客在排队的过程中不知不觉地进入故事角色，在不断的环境渲染和情感累积后，最终乘上过山车，体验红龙大战的痛快淋漓。这种排队服务和游玩经历，能有效减少游客排队时产生的焦虑情绪，使游客体会到新奇、刺激与兴奋，身心得到满足。

一、团队人数清点方法

(1) 团队入园检票时，要求团队导游与检票员一起以便确认团队成员。

(2) 在清点人数的时候，在心中默数，可以以轻微的点头代替手指清点，左手自然下垂放在体侧，用手指的曲伸计数，口中不能发出数数的声音，手指不能指向游客。

二、景区队列队形安排

排队服务是在不同的地方根据游客流动规律采取不同的队形和接待方式。合理的队列结构要满足以下三项要求：第一，使人感到等待时间长度短于实际长度；第二，队列秩序有条不紊，不给加塞儿者以更多机会；第三，队列结构要能灵活调整。

一般队形分为传统中行队形、多列队形、主题队形等5种形式，各有优缺点。

(1) 单列单人型。

特点：一名服务员。

优点：成本低；视觉进入感缓和；人工成本低。

缺点：队首是否排好非常关键；栏杆多，成本增加；游客需要选择进入哪一队列。

改进措施：设量座位或护栏；表明等候时间(图 1－2)。

图 1－2　单列单人型

(2) 单列多人型。

特点：多个服务员。

优点：接待速度较快，较适用于游客数集中的场合。

缺点：人工成本增加；队列后面的人仍然感觉视线较差。

改进措施：设置座位或护栏；队列从纵向改为横向(图 1－3)。

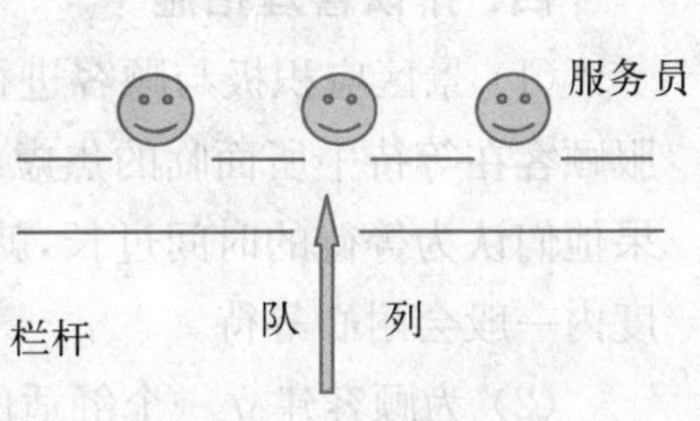

图 1－3　单列多人型

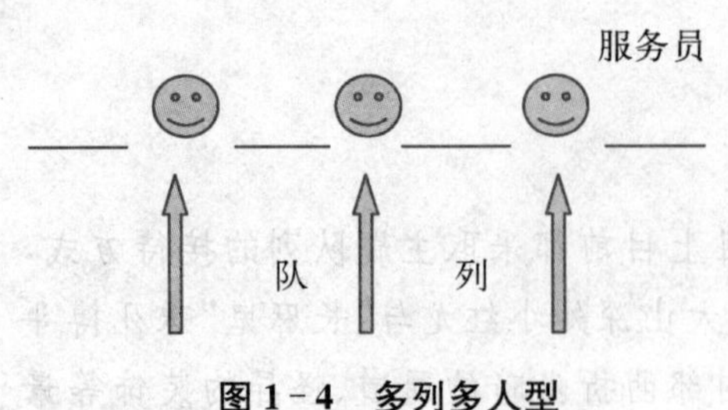

图 1-4 多列多人型

(3) 多列多人型。

特点：多名服务员。

优点：接待速度较快；视觉进入感缓和；适用于游客流量较大的场合。

缺点：成本增加；队列速度可能不一。

改进措施：不设栏杆可以改善游客视觉进入感(图 1-4)。

(4) 多列单人型。

特点：一名服务员。

优点：视觉进入感缓和，人工成本低。

缺点：队首是否排好是关键；栏杆多，成本增加；游客需要选择进入哪一队列。

改进措施：外部队列位置从纵向改为横向，可以改善视觉(图 1-5)。

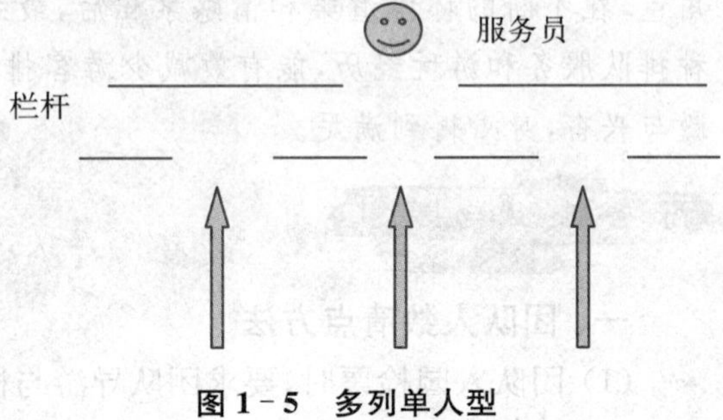

图 1-5 多列单人型

(5) 主题或综合队列。

特点：队列迂回曲折，一般为单列队，超过 2 名服务员。

优点：视觉及时间改善；有信息展示；排队硬件舒适。

缺点：增加硬件建设成本。

改进措施：单列变双列。

三、排队管理规则

(1) 先到者优先。即确保顾客排队等待的公平性，杜绝在相同条件下个别优先或后来者却先享受服务的现象发生。

(2) 预订者优先。预订游客已提前确定了服务消费需求，应该实行优先服务。

(3) 团队优先。考虑到团队的规模消费、服务所需时间相对较短，更为重要的是团队是由与景区有长远利益关系的中介机构发送的，因此，只要不与其他原则发生明显冲突，景区可以对其实行优先服务。

(4) 特殊人群优先。对老人、幼儿、残疾人、军人等社会特殊人群，在排队优先中都应该有不同程度的体现。

四、排队管理措施

(1) 景区应积极与顾客进行沟通，并尽可能准确告知他们需要等待的时间。为了克服顾客在等待中所面临的焦虑，景区可以提前告知他们所需要等待的时间长度，例如，如果他们认为等待的时间过长，就会选择离开，如果他们决定留下来，则在所告知的时间长度内一般会耐心等待。

(2) 为顾客建立一个舒适的等待环境。

(3) 在顾客等待的时候，为顾客提供相关内容的服务，可以在心理上缩短顾客的等待时间，同时这样做可以帮助增强顾客的体验经历。

（4）尽量使顾客等待的时候有事可做，并使得等待更为轻松有趣。

（5）不直接参与顾客服务的员工和资源应避免让顾客看到。如果在等待的时候，能够进入顾客视线的每个员工都在忙碌的话，顾客会更耐心一些。相反，如果看到有些资源闲置在一边，顾客会感到不耐烦。

（6）充分利用科学技术，降低队伍的出现率。如果顾客能够不用排队等待而接受服务的话，这对公司和顾客来说都是有利的。

想一想

为了解决排队问题，许多服务行业采用了比较有特色的排队管理措施，请大家想一想，这些如何借鉴到景区排队管理中？

※ 必胜客(Pizza Hut)比萨连锁店，会准确告知顾客等待的时间，并关注等待者。

※ 在候车室，可以提供大的电视显示屏幕，在顾客等待时，可以播放电视节目，帮助他们轻松度过等待的时间。

※ 电信公司通过数字化的电话服务中心为用户提供缴费、充值、账单查询等服务，以降低顾客到营业大厅进行直接人工服务的概率，从而大大方便用户，也可降低公司的管理成本。

※ 很多餐厅都会在室内专门设立一个区域以供顾客等待。并为顾客提供舒适的座位，这样顾客就不需要站立等待，也不会受恶劣天气的影响，同时还为顾客提供免费茶水、报纸、杂志以帮助顾客打发时光。

1. 活动目标

处理解决检票过程中碰到的问题。

2. 活动内容与要求

（1）将全班同学按6人一组分组讨论。

（2）分析的重点：旅游景区中什么时段最容易出现排长队现象？
排队过程中容易出现什么争端？
怎样解决排队过程中的等待问题？
注重分析的准确性与真实性，形成基本合理的可行方案。

（3）分析时间为30分钟，要求各小组分工合作，确定小组中的记录员、汇报员。

项目二 讲解服务

导入语

一名陌生的游客来到景区，如何能在最短的时间内认识和感受景区？如何能对景区产生美感和好感？景区讲解员就是开启游客心灵之门的钥匙。本项目主要教授景区讲解服务的方法和技巧。

目标与要求

最终目标：

能完成景区讲解服务，进行景区解说服务管理。

促成目标：

1. 能对旅游团的情况进行具体分析，准备导游词。
2. 能制定游览路线。
3. 能针对客人特点进行现场讲解。
4. 理解景区解说服务的功能。
5. 掌握景区解说系统的构成。
6. 掌握景区解说服务管理的方法。

服务流程图

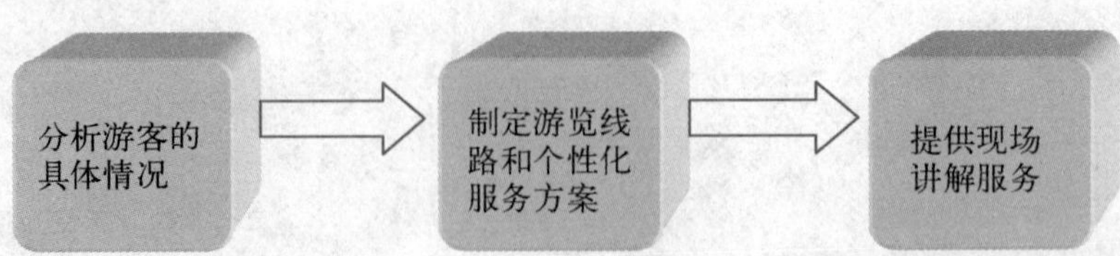

项目二的学习任务书见表2-1。

表2-1 项目二的学习任务书

项目模块	学习任务	课时
家庭游客讲解服务	能对家庭散客的情况进行具体分析，准备导游词	2
	能制定游览路线	2
	能针对客人特点进行现场讲解	8
商务游客讲解服务	对会议的情况进行具体分析，准备导游词	2
	制定游览路线	2
	针对客人特点进行现场讲解	8
景区解说服务管理	理解景区解说服务的功能	0.5
	掌握景区解说系统的构成	0.5
	掌握景区解说服务管理的方法	1

一、景区讲解员的职责

1. 增加游兴，帮助游客深度认识景区文化内涵

由于旅游活动的异地性和暂时性，旅游者要想在较短的时间内，在一个陌生的旅游环境中获得较好的游览效果，必然要求景区提供全团的引导游览服务，尤其是当旅游者面对的是很有“说头”的人文古迹或人文山水的时候。比如说黄鹤楼，大多数人只知道它是我国四大名楼之一，或者可能还有人知道“故人西辞黄鹤楼，烟花三月下扬州”的诗句。而对黄鹤楼所包含的我国古代临山登水以显山水意识之发达的楼阁选址观，登高望远以抒空间之博大与时间之巨古的中国时空观，以一统万、以小见大、天人合一之中国审美观，以木结构象征中国人务实求本、扎根大地、注重整体和谐的广厚内涵，则了解不多。游客在了解不多的情况下，要想获得理想的旅游效果恐怕不容易，也不现实。所以，这时景区导游服务的提供就尤显必要了。

2. 引导和管理游客行为

游客是景区的“主角”、“上帝”，好好为游客服务，并期望更多的游客前来参观游览，是景区工作者的追求。但实际上，对很多旅游者而言，他们并不十分清楚在景区游览时应该注意什么，自己的责任和义务是什么，自己的权利何在。也就是说，大部分旅游者是不成熟的。因此，游客也需要引导和管理，也需要按照景区的有关规定进行游览活动，用符合社会公众道德的各项行为规范来约束自己。比如，对于那些不同文化背景的游客，应让他（她）知道本景区内要注意的事项（特别是禁止做的事情）、环保政策、当地的习俗、社会行为规范、宗教场所的行为规范、摄影时需遵守的规定等有关问题，以减少游客和景区的对立。这些都要靠景区导游员的讲解和示范行为等导游服务来完成。

3. 实现景区效益，树立景区口碑

优质的导游服务能让游客获得更充分的游览体验，一方面能有效延长游客在景区的停留时间，从而刺激游客在娱乐、购物、餐饮、住宿等方面的二次消费，直接增加景区的收入；另一方面，游客对景区的满意度增加，从而形成良好的口碑。尽管由于各方面的限制因素，这种良好的口碑可能不会赢得太多的回头客，但是景区完全可以通过良好口碑的传播而获益。有研究表明口碑的有效性要远高于广播、报纸和杂志等广告形式。因此，良好的导游服务能增加景区的经济效益、社会效益及生态效益。

二、景区讲解员应具备的条件

1. 个人条件

大方端正，身体健康，身高适中，口齿伶俐，头脑灵活，反应快，语言表达能力强。

2. 知识要求

知识面广，爱学习。具有丰富的历史知识、地理知识、文学知识和一定的科普知识，特别要具备讲解时涉及的相关知识。

3. 业务能力

熟悉导游讲解业务，带团经验丰富，有较强的现场导游能力，具体包括：① 讲解内容繁简适度，包括该景点的历史背景、特色、地位、价值等方面的内容。② 在景点导游的过程中，保证在计划时间与费用内，使旅游者能充分地游览、观赏，做到讲解与引导游览相结合，适当集中与分散相结合，劳逸适度，并应特别关照老弱病残的旅游者。③ 在景点导游的过程中，保证旅游者的安全，要自始至终与旅游者在一起活动，并随时清点人数，以防旅游者走失。

三、景区讲解员的工作要求

1. 讲解工作

（1）第一，因势利导，也就是说导游技能的运用要有针对性。所谓“势”，一是指旅游对象的主要特征，如国籍或地域、年龄、性别、职业、受教育程度等；二是指旅游景点的具体内容；三是指旅游季节、环境、气候等。所谓“利导”，即加以引导。因势利导的目的在于因人而异，有的放矢，使游客与导游员达到心灵上的默契。

（2）第二，融会贯通，即强调导游技能运用的灵活性。灵活是有针对性的灵活，最佳时间、最佳路线、最佳旅游景点等都是相对的，关键在于讲解。因为旅游者的审美情趣各不相同,不同景点的美学特征千差万别,而自然气候变化无常,游览时的气氛对旅游者的情绪影响也可能发生变化。所以,即使是游览同一景点,导游员也要根据各方面的变化,灵活运用导游知识与技能,采取切合实际的方式和内容加以讲解。应变与灵活则要求导游员尽可能多地掌握导游手法,用于实践,融会贯通,并结合自己的特点扬长避短,形成自己的讲解风格。

(3) 第三,周密计划。这是讲解技能得以成功运用的前提,也是讲解工作成功的保证。旅游者的时间有限,因此,活动日程和时间安排则成为中心内容。

(4) 精神饱满。旅游者身在异处,在心理上没有安全感。为了适应旅游者心理上对导游员的期望,讲解员首先要表示出自信,始终应精神饱满、沉着果断、办事利落,说话不模棱两可,办事不推诿责任;其次是谦虚,讲解员切忌狂妄自大、夸夸其谈,更不能不懂装懂、目中无人。讲解员的形象塑造是一个动态过程,良好的第一印象并非一劳永逸、一成不变的。因此,讲解员要以自己的导游行为去维持、加深和巩固这一形象。

2. **服务工作**

正确处理好与游客关系是做好景区讲解服务工作的重要保证。在景区游览活动过程中,旅游者是客人,是消费者;讲解员是主人,是服务人员。正确处理协调好这对关系,关键在于讲解员。因此,在服务过程中应注意以下几点。

(1) 做到自信与恭谦的统一,以赢得旅游者的尊敬与信赖。

(2) 做到主动、热情、诚恳、礼貌服务。

(3) 对待旅游者要细微处见真情。因此,导游员首先应具有良好的记忆力。导游员在短时间内尽可能记住团队名称,旅游者姓名、职业等。叫出旅游者的名字就意味着受关注、受重视、受尊重,能给人一种亲近感,能缩短导游员与旅游者之间的距离。其次展示微笑的魅力。真诚、善意、愉快的微笑,能够产生感染力,引起对方的共鸣。微笑是友谊之手,是尊重对方的示意,是和谐交往的桥梁。第三细微服务。细微服务在某种意义上说是用心服务。如旅游者的眼镜上的螺丝掉了、在跳竹竿舞时鞋跟掉了等,这些看似小事,如果导游员想方设法帮助,旅游者心里则会产生感激之情。

四、游览线路的类型

游览线路按其所处位置和功能,可分为两大类,即景内游览线和景外游览线。

景内游览线,是指布设在风景区内以观赏景物为目的的游览线,它能够给游人提供最佳的视线角度和位置,一般按步行游览方式设计。具体要求:

(1) 以慢游、驻足细观为依据;

(2) 能够为游人提供最佳的视角和视距;

(3) 步行线以小径为主,曲直结合,险平相宜,急缓相间;

(4) 布局、趋向合理,避免重复;

(5) 有张有弛,劳憩结合。

景外游览线,是景区之间或旅游服务区、居住区与风景区之间的游览联系道路,它能够帮助游人跨越较大的空间，往来于不同的功能区之间，一般按车行动观的方式设计。具体要求：

(1) 车行道应选择景物稀少、突出的地方通过，尽量临水延伸，以减缓行车的快速感；

(2) 车行道前方应有较明显的远景相引导，既使行车有方向感，又能在车上游人心目中留下印象和回味；

(3) 路两侧以树木组成窗景，有景则开，无景则封，避免行车对景区景色和意境的干扰，但也要避免林窄深暗，影响视线；

(4) 注意与景内游览线的联网，切忌出现死胡同，景外游览线与景内游览线的联结处要设置适当的停车位。

五、景区游览线路的作用

1. 游客的向导

游客一进入旅游区，往往并不了解景物的地点及其可达方式。而游览线路是显而易见的实物，沿线还多设标志、方向牌。只要循路向前，便可欣赏到美丽的景致，到达欲达之处。因而，游览线路能够起到对游客的引导、指示作用。

2. 限定游客与景物的距离

游客与景物之间的接近程度，对于景物的保护和审美效果都有影响。有的景物出于保护的原因，不宜接近，则可以线路将游客与景物之间的距离加以限定，如铺设游人专用线、以实物分隔等等，都能起到限定距离的作用。这种分隔或提示虽无言而有礼貌，相比之下，竖一牌大书"请勿靠近"、"禁止触摸"则显得粗俗、蛮横。有的景物，对其观赏的效果与距离的大小有很大关系，美学上也有"距离美"的审美方法。游览线路可以引导游人步入观赏的最佳地点，使游人得到最美的体验。

3. 组织游览程序

游览过程与作文一样，有开始、展开、高潮、结束等不同阶段，游览线路可以将这些不同的阶段进行有机的组合，以沿线不同风格特色的景物，以景物之间不同的时间和空间距离，以道路的高低平缓，以服务点、休憩点不同的设施和环境等，将各个阶段展开和衔接，从而实现最佳的旅游效果。

一般来说，开始阶段给旅游者以第一印象，一定程度上决定着吸引力的强弱，因而门户景或入景处应布置具有明显特征、吸引力强或具有神秘感的景物，以激发游客继续向前的兴趣。

展开应是游览的主要阶段，景色特征、景色类型、游览方式的介绍。

高潮阶段应布置最突出、最富有特色的景物或活动。这一阶段应既是风景的艺术高潮，也是旅游者游兴的高潮。

结尾，应让游人有回味无穷、意犹未尽的感觉，轻松地结束游程。

对于四个游览阶段的组织安排，在时间和空间上应根据整个旅游区的规模和景物数量来进行，线路设计有张有弛，景物布局随之展开，合理地组织游览程序。

模块一 家庭游客讲解服务

学习目标

最终目标：

能对家庭游客提供景区讲解服务。

促成目标：

1. 能对家庭散客的情况进行具体分析，准备导游词。
2. 能制定游览路线。
3. 能针对客人特点进行现场讲解。

学习任务

1. 对家庭散客的情况进行具体分析，准备导游词。
2. 制定游览路线。
3. 针对客人特点进行现场讲解。

范例载体：为北京家庭散客(一行四人，一位老人约为60岁，教师；2位中年父母，约为35岁，公务员；1位儿童，约为8岁。)提供无锡灵山景区的讲解服务。

学生活动载体：为上海家庭散客(一行五人，2位老人，约为65岁，退休职工；2位中年父母，约为40岁，企业普通员工；1位少年，约为15岁。)提供无锡三国城景区的讲解服务。

课外学习拓展：为台湾家庭散客(一行五人，2位老人，约为75岁，大学教授；2位中年父母，约为45岁，企业家；一位青年，约为20岁，大学生。)提供苏州拙政园讲解服务。

任务1 分析家庭游客的具体情况

北京家庭游客情况分析

1. 家庭成员结构

奶奶1人、父母2人、儿子1人。

2. 家庭成员年龄

老人年龄约60岁；父母年龄约为35岁；孩子约为8岁。

3. 家庭成员职业

老人为教师，父母为政府公务员。

4. 家庭成员文化背景

主要成员为知识分子，受过良好的高等教育。

5. **家庭游客综合分析**

(1) 从年龄分析：该家庭成员由老年人、中年人和儿童组成。老年人喜欢忆古思今，有时比较固执，需要耐心服务；中年人注重品质，对于服务比较敏感，需要真心服务；儿童活泼调皮、精力充沛，需要费心服务。

(2) 从地域分析：该家庭成员来自北京，属于北方地域。第一，根据旅游异地吸引的规律，讲解服务过程中要突出南北差异，对于南方的自然人文景观、民俗风情可以作重点介绍。第二，北方人较热情大方，外向开朗，善于沟通交流，不拘小节，服务过程中不能仅仅局限于讲解内容，可以通过聊天方式与之沟通。

(3) 从职业和文化背景看：该家庭一共四人，其中三位主要成员皆为受过高等教育的知识分子，他们注重景点的文化内涵、品位，注重讲解内容的知识性。

(1) 分析家庭游客情况，主要分析指标包括：家庭成员结构、年龄、职业背景、文化背景、地域特点。

(2) 分析家庭游客情况，一般重点强调“一大一小”，即要以家庭成员中的老人和孩子为中心展开讲解和服务。

(3) 分析家庭游客情况，要结合实际接待多观察，因人而异及时调整自己的接待方案。

1. **活动目标**

能对上海家庭散客的情况进行具体分析，准备导游词。

2. **活动内容与要求**

(1) 将全班同学按 6 人一组分组讨论。

(2) 分析的重点：注重分析的准确性与真实性，形成基本合理的可行方案。

(3) 分析时间为 15 分钟，要求各小组分工合作，确定小组中的记录员、汇报员。

任务 2 制定旅游线路，准备导游词

比较下列 2 条路线，说出其优缺点及适用游客类型。

(1) 五明桥—洗心池—佛足坛—五智门—菩提大道—九龙灌浴—紫铜浮雕—阿育王住—天下第一掌—祥符禅寺—灵山大佛—抱佛脚

(2) 洗心池—五智门—菩提大道—九龙灌浴—紫铜浮雕—天下第一掌—灵山大佛—抱佛脚

小提示 从线路的游览时间、游览强度分析，是否适宜。

从线路选取的内容分析，是否具有典型性和针对性。

从线路的游览顺序分析，是否符合游览中不走回头路的规律；是否能激发游客的游兴。

家庭旅游线路制定的注意事项：

(1) 线路游览时间不宜过长，需要考虑老年人和儿童的身体条件。

(2) 线路小景点的选取要考虑到家庭成员的职业、文化背景、地域特点。

1. 活动目标

能制定游览路线。

(1) 游览线路制定的方法。

(2) 游览线路内容的选择技巧。

2. 活动内容与要求

(1) 将全班同学按 6 人一组分组讨论。

(2) 分析的重点：根据上海家庭散客的具体情况制定旅游线路。

(3) 分析时间为 15 分钟。

任务 3 为家庭散客提供景区讲解服务

无锡灵山景区导游词

北京来的客人，大家好！那可是伟大祖国的首都和全国人民都向往的地方呀！欢迎大家到我们这个小地方检查指导工作。

小刘马上要带大伙去的是无锡灵山胜境景区——著名佛教文化圣地，瞻仰"灵山大佛(图 2－1)"，参观殿堂雄伟、香火旺盛的千年古刹——祥符禅寺，欣赏佛教艺术的瑰宝——奢华至极却又壮观典雅的梵宫。在这里，您可以体会到自然景观与佛教文化交相辉映的美妙感觉。小刘我一定尽心尽力为大家做好游览讲解工作，让大家玩得尽兴，沾够灵山的福气！祝老人家越来越年轻，长寿安康；小朋友越来越茁壮，身体棒棒；大家事业越来越顺利，财源广进！

图 2－1　无锡灵山大佛

【概况】景区位于无锡国家太湖旅游度假区的马山岛上，离无锡城区 17 公里，总占地 30 公顷，规模十分宏大。面对三万六千顷的碧波太湖，北倚小灵山，左挽青龙山，右牵白虎山，灵山景区风水极佳。这么一块风水宝地，可不是只有现代人才懂得开发利用。早在唐朝，就有两位很有眼光的“投资家”，一位是当时的杭恽将军，衣锦还乡之后，李世民赏赐了这块地方，不久，杭恽将军邀请了好朋友、从天竺游学回来的海归交流学生，玄奘。玄奘觉得这儿的地形与印度的灵鹫峰十分相似，把它命名为小灵山。大将军出资建设了“小灵山刹”，发展到后来就是里面的祥符禅寺。到了 1996 年，在当时的佛教协会会长赵朴初先生的鼎力支持下和无锡人对千年佛教文化的感悟与传承，经过大家的智慧与汗水，各方的共同努力，于 1997 年景区建成。88 米高的大佛本身就产生了巨大的视觉冲击效果，形成了浓郁的佛国氛围的宗教综合旅游景观，使得无数香客和海外游客竞相来访，更是在 2001 年被评为 AAAA 级景区，而今已经获得 AAAAA 级景区的称号。愿整个灵山景区为大家添添福寿，保平安，这是我们无锡人的骄傲，也是中国人民的瑰宝！

咱们检票后，过了安全闸就正式进入景区了。景区里面人比较多，大家保管好自己随时携带的贵重物品。老人家，如果我们的节奏快了点，您给我提个醒；小朋友，如果有什么问题，姐姐尽量为你解答。

【大照壁】咱们第一个景点。照壁全长 40 米，高 8.6 米，有华夏第一壁的美誉。这照壁放在这里有两个作用。一来呢，是借用了中国古代造园布局手法——障景，让你一进来别把这景致看光了，留个念想，整个悬念，让您多迈几步，绕到后面再欣赏。二来呢，有这么个说法：灵山坐北朝南，北倚小灵山，左青龙右白虎，前有浩淼太湖，这么一块风水宝地，一定要用大照壁挡住，防止“福气　运气　灵气”外泄，要不然您不远千里从北京赶来不就沾不到这灵气运气福气了吗？大伙再随我绕到照壁北面，前佛教协会会长赵朴初先生深情写道“昔游天竺访灵鹫，叹息恐慌忆法华。不意鹫峰飞到此，天花烂漫散吾家”。朴老先生叹息印度灵鹫峰荒芜的惨状，可是看到无锡灵山一片旺盛的景象，便多了几分赞许与欣慰。当然啦，也感觉大家的到来，为灵山又添了不少的人气。

【五明桥】绕过照壁，咱们就看到了横跨玉带河上柔美、光滑的五明桥，这桥身可都是用咱北京房山的汉白玉精雕细刻出来的，使得整个桥体大气尊贵，同时又典雅古朴。小刘再麻烦各位看看这五明是否似曾相识？对了，这是"山寨"（借鉴）了咱北京天安门前金水桥的外形，有没有一种亲切感呢？咱们再来解析下这个名字，在佛教中"明"是智慧的意思，"五明"就是五种智慧的意思，分别为"声明，内明，因明，医方明，工巧明"。其中，中间这座"内明"桥代表着佛教中最高境界——大彻大悟，这种布局也模仿了北京的金水桥中最中间的最宽最长的主桥是皇帝才能通过这样的模式，咱们一起跨过中间的内明桥，获得大智慧，彻悟自己，觉悟人生。希望小朋友以后越来越聪明，学习更上一层楼。

大家随我一起穿过灵山胜境的门楼，继续向前走，在洗心池洗手洗去尘世浮华，瞻仰与远处88米高的大佛脚掌同比例的佛祖坛，便来到了五智门。

【五智门】五智门造型宏伟别致，是一座拥有深刻佛教文化的大型石牌楼，工匠们共用了1 000多吨的花岗岩石精心打造。咱们面前一侧的牌楼上从左到右写着"持戒　忍辱　布施"背后就是"精进　禅定　般若"。既然各位北京的游客舟车劳顿，来到无锡这座佛教文化主题乐园，我就要尽地主之谊，好好为各位游客详细介绍一下佛教的教义。

"持戒"就是出家人要恪守的不偷不邪不饮酒不杀生不说谎的基本清规戒律。结合我们现实世俗来说，老百姓，尤其是国家公职人员要遵纪守法，恪守社会公德，依法治国。

"忍辱"就是处世的时候遇到污蔑要学会忍辱，不鲁莽，不浮躁才能成就大事业。正所谓吃得苦中苦，方为人上人。吃亏也是福嘛！

"布施"就是向需要帮助的人伸出援手，无私奉献不求回报，帮助别人的同时也在欢乐自己，您说呢？

背面的"精进"就是做任何事情要严于律己，精益求精。只有付出全力，才能获得更大的成功！

"禅定"更偏向于一种修养，世俗当中有各种诱惑，物欲、名利无处不在，此时最需要的是一种强大定力。在这里，小刘不禁感慨，那些位居高层、光鲜亮丽却贪污腐败的领导们真该来接受佛祖的教诲。

"般若"为大智慧，这个最适合小朋友了。

好了，咱们再仔细抬头看看这牌楼，这石牌坊的每个石柱都精心雕刻着石狮子，这狮子是百兽之王嘛，"雄狮一吼，百兽皆服"从而象征佛法无边，弘扬四方。

脚踩着镶有七朵莲花的菩提大道，感受"一花一世界，一叶一菩提"的清静世界，之后呢咱离大佛越来越近，远离了大门口，走进佛教世界，大家有没有沉静下自己浮躁的内心，淡然心境，从而忘却烦恼？让咱们一起抛却生活、工作、学习中的不顺，一起倾听感受佛祖向我们传达的人生感悟。

【九龙灌浴】咱们现在眼前所看到的是灵山大型音乐动态景观，这可是我们灵山景区一大宝贝，九龙灌浴将佛教文化典故与现代科技完美结合，使得灵山不同于其他佛教寺院景观平淡雷同，既古老又年轻，既稳重又充满活力。当音乐响起，莲花缓缓绽开，露出高7.2米、重12吨的镏金佛祖小太子，您可别小瞧，这小太子身上共有18公斤黄金，小太子一手指天一手指地，接着九条龙同时喷出净水为他沐浴，整组景观是灵山为大家精心奉献的展示佛祖出生的祥瑞景象，值得一提的是，要是大家还觉得不过瘾，您呀，可以拿着水杯从凤嘴下接“圣水”将灵气带回家。这喷出的水怎么能直接饮用呢？奥秘就在于内部一套从德国引进的净水装置，所以总地说来，这组景观是一个不折不扣的混血儿，您可别急，等下尽情欣赏这场视觉盛宴！

【紫铜浮雕】观赏完九龙灌浴，来到降魔浮雕前。

这组景观也同样具有视觉震撼力，长 26 米、高 8 米的紫铜锻造的铜雕为咱们生动形象地展现了佛祖从出生到降魔成道的过程，这不禁让人感慨“天将降大任于斯人也，必先苦其心志，劳其筋骨，饿其体肤”。

【阿育王柱】咱们绕过降魔浮雕，看到的是整块花岗石雕成的高约 17 米、宽约 2 米的阿育王柱，柱子得名于有“印度秦始皇”之称的阿育王，他为了减轻自己统一疆土而进行杀戮的罪孽，在全国都树立起石柱弘扬佛法。

【天下第一掌】大家跟着我一起拾级而上，在咱们左前方是天下第一掌，右前方的是大型青铜雕塑百子戏弥勒。这两个景点可是灵山的人气景点。这我可得给您说说，咱们先看左边，通过这个名字“天下第一掌”就知道它的最大，到底有多大呢？这佛手与远处 88 米高的大佛手掌大小完全一样，高近 12 米，每根手指的宽度都将近 1 米，的确很大。这么大的佛手放在这里的原因一个呀是弥补很多游客信众无法与大佛来个亲密接触的遗憾，第二个的原因是民间流传着“摸摸佛手，添添福寿”的说法。这也传达了灵山对大家的美好祝愿，愿老人长命百岁，孩子们茁壮成长，全家幸福平安！

这右边的“百子戏弥勒”也是值得您停下来慢慢欣赏的，您瞧这近百个小顽童神态、形象各异，在弥勒的身上嬉戏玩闹，叠罗汉，用小树枝捅弥勒，甚至往弥勒身上撒尿。这么多孩子一起折腾还了得！可您瞧，这弥勒爷呀，斜倚着草坪，神情和蔼，依然笑容满面，不得不感慨弥勒“大肚能容，容天下难容之事；慈颜常笑，笑天下可笑之人”的大气魄。所以，咱们都得向弥勒爷学习。在生活工作中不如意不顺心的事情十之八九，坏情绪少把它流露出来比较好，要不家人见了难过，朋友瞧了担心，对手看了偷笑，更让自己顾影自怜。我们有时候很难选择自己的处境，但我们更多的是可以在逆境中调整心态，快乐面对。浮华的社会，金钱、名利的追逐让人越来越疲惫，相互间的钩心斗角中也冲淡了人情味儿，而现在大家来到灵山，瞧见了这位袒胸露乳、随性而安的弥勒，是不是也淡然了不少呢，其实金钱诚可贵，亲情价更高，多点时间陪陪父母、关心孩子，这种巨大的幸福满足感是物质上无法满足的。老人家在这里呢，我真诚地愿弥勒佛保佑您事事顺利，福寿安康，愿你笑口常开；小孩子呢就像这小沙弥一样活泼可爱、聪明茁壮，也愿这组吉祥如意的青铜雕像带给您整个家族多子多孙、香火鼎盛。

【祥符禅寺】各位游客，咱们走过祥符三桥，便来到了千年古刹祥符禅寺，各位都是北京大地方来的，咱北京的佛寺数量众多，分布密集，规模宏大，文化丰厚，有名的寺院就有雍和宫、八大处、白塔寺等，那真是信手拈来呀，而且北京佛寺集中了中国汉藏两大主要思想流派，在中国佛教史上具有无可争辩的代表性地位。咱们这地方的寺庙虽然规模上难望其项背，可也是香火鼎盛、与白塔寺的藏传文化不同，极富汉传佛教的特色。俗话说：山不在高，有仙则名；水不在深，有龙则灵。况且还有88米高的大佛立于这山水宝地，咱们一起走进去，参拜祈福吧！

【灵山大佛】各位游客，咱们现在已经来到了大佛脚下，抬头瞻仰佛祖，是不是更加高大庄重？这尊释迦牟尼立像由著名的雕像家吴显林设计，大佛一手下垂为“与愿印”满足众生愿望，给予快乐；一手上升为“施无畏印”，解除众生苦难，祛病消灾，保佑众生；胸部的“万”字符寓意吉祥庄重。再说说这佛多大！1 560块铜板拼接而成，共用700吨青铜，总高102米（大佛通高88米），比自由女神像高42米，比四川乐山大佛高出17米，更值得一说的是大佛结合了高科技：防岩层滑坡风化，抗七级地震、12级台风，防火防雷，自动喷淋降温。

好了，各位游客，灵山大佛陪同讲解就到这，您要是感兴趣可登这216级七平台的登云道，寓意造七级浮屠，消除108种烦恼，近距离瞻仰佛容，抱佛脚保平安，家庭美满，幸福安康，富贵绵延，谢谢！

1. 活动目标

能针对客人特点进行现场讲解。

（1）讲解技巧的运用方法。

（2）讲解过程中的个性化服务方法。

2. 活动内容与要求

（1）将全班同学按6人一组进行分组。

（2）每小组成员利用多媒体创作三国城导游词，要求体现上海家庭散客特点。

（3）每小组成员平均分段讲解景区各小景点导游词，要求讲解流畅，团队合作配合。

模块二 商务游客讲解服务

◉学习目标

最终目标：

能对商务游客提供景区讲解服务。

促成目标：

1. 能对商务游客的情况进行具体分析，准备导游词。
2. 能制定游览路线。
3. 能针对客人特点进行现场讲解。

◉学习任务

1. 对商务游客的情况进行具体分析，准备导游词。
2. 制定游览路线。
3. 针对客人特点进行现场讲解。

范例载体：为上海恒祥商贸有限公司游客(一行3人，来无锡参加展销会，3人均为男性，年龄在35岁左右，1人为经理，另外2名为员工)提供无锡寄畅园景区的讲解服务。

学生活动载体：为苏州大学教授和老师(一行5人，1名教授，年龄约50岁；3名副教授，年龄40岁左右；1名老师，年龄约为30岁，受无锡江南大学之邀来锡参加学术会议)提供无锡锡惠公园景区的讲解服务。

课外学习拓展：为泰州市政府公务人员(一行10人，受无锡滨湖区之邀来锡进行经济考察和调研，年龄层在30到45岁之间，8名男性，2名女性)提供无锡城市风光旅游的讲解服务。

任务1 分析商务游客的具体情况

上海商务游客情况分析

1. 成员结构

经理1人、员工2人。

2. 成员年龄

35岁左右。

3. 成员职业

商贸公司员工。

4. 成员文化背景

主要成员为高级白领，受过良好的高等教育。

5. 成员综合分析

(1) 从年龄分析：主要由中年人组成。中年人注重品质，对于服务比较敏感，需要真心服务。

(2) 从地域分析：成员来自上海地区，属于邻近地区，文化内涵和生活民俗比较相似，对无锡地区的旅游景点非常熟悉，讲解服务过程中要多进行类比，即讲差异性，还要强调一脉相承，从而可以引起共鸣，增加游兴。上海人较精明、挑剔，对服务细节要求严格，讲解服务过程中不能仅仅局限于讲解内容，可以通过聊天方式与之沟通。

(3) 从职业和文化背景看：该团队一共3人，皆为受过高等教育的商务人士，他们注重景点的文化内涵、服务品位，注重讲解内容的知识性。

(4) 从消费习惯分析：商务旅游因和公务商业相结合，游客一般具有高消费的能力。因此，对于价格不够敏感，更多的看重消费品质和消费的档次。

(1) 分析商务游客,分析指标主要包括:商务游客类型、地域区别。

(2) 商务游客往往利用公务之外的时间游览景区,因此时间较少,旅游线路要有选择性,重点突出景区精华景点。

(3) 商务客人对价格敏感度低,对服务质量要求高,因此要注重讲解品质,介绍高质量的游览项目给商务客人。

(4) 商务客人对当地的经济背景、发展、数据兴趣度高,讲解内容中要多融入这类知识。

一、景区接待商务客人的主要类型

1. 一般商务游客

主要指从事商业活动的消费者,包括参加会展(如世博会、服装节、糖酒会等)、商业谈判、营销、管理(如培训、奖励旅游)等商务旅游活动的游客。其中,会展游客是景区最重要的客源。

2. 政务旅游游客

主要指政府公务人员,中国拥有世界上最多的公务员,达500多万人。每年各种会议、视察、调研活动所产生的商务旅行形成了一个不容忽视的市场。

3. 学术旅游游客

在中国政府大力发展教育和科技的背景下,地区性和全国性的学术交流活动与日俱增。据中国万方数据公司统计,每年全国性学术会议在1 000个以上。区域性学术会议更是不计其数,随着中国加入WTO还有大量的国际性学术会议转移到中国来举行,这一系列会议蕴藏着巨大的商机,并且其稳定的周期性特点的确让人浮想联翩。

4. 其他商务旅游游客

这类游客主要指参加各种大型体育活动如世界杯、奥运会等以及其他类型的庆典、纪念活动的游客。

二、商务旅游特点

1. 市场规模逐年增大

专家预测,如果全国4 000万商务人士按每人每年平均出行3次计算,全年商务旅游总量可达1.2亿人次左右。国家旅游局资料显示,中国每年国际商务旅游支出超过357亿元,占亚洲商务旅游市场的17%,目前我国因公出境包括公务和商务考察的人数已占出国人数的53.3%;中国国内商务旅游支出则高达1 700亿美元,约占国内整个旅游市场的30.5%,并以每年20%的速度增长。国家旅游局发布的消息,从我国入境旅游市场的结构中分析,商务及会议旅游共占39.9%,已接近或超过一些发达国家的水平。近年来,中国在旅游基础设施建设方面成绩显著,与中国通航的国家越来越多,航线越来越长。中国相对齐备的涉外旅游服务系统也为商务旅游提供了便利。中国经济的发展以及在中国境内的各项展览、会议等都成为吸引商务旅游人士的重要磁石。据国际会议协会预测:“中国有可能成为21世纪国际会奖旅游(会展旅游和奖励旅游的合称)首要目的地”,而中国加入WTO,2008年奥运会及2010年世博会的成功举办更为中国商务旅游的发展提供了良好的契机。

2. **商务旅游收入稳定**

由于商务旅游是以商务或者其他特定的活动目的为导向,因此通常商务旅游的时间随意性低,事前计划性强,而且活动具有重复性(尤其是年会、大型活动都有固定的时间或者预先设定的时间,经过一定固定的时间间隔就会再次举行)。这就形成了商务旅游的稳定性的特点:一方面由于时间固定,一般来讲它不会受到气候条件或者一些不利条件(如交通不畅等因素)的影响,是旅游市场中最稳定的一个重要的细分市场;另一方面,商务活动的重复性使商务旅游能够产生稳定的旅游客流和收入,而没有其他旅游项目的明显的季节性和淡旺季的差异。

3. **利润丰厚**

商务旅游的消费者构成的特点决定了其中自费的比重不大,并且通常商务旅游者所产生的费用是依照所在组织的内部规定或者商务活动的级别标准而确定,价格因素并不是决定性因素,因此相对于休闲旅游而言,商务旅游者的消费能力更高。从两种类型旅游的目的上来看,商务旅行者更看中的是服务质量、效率和便利性。据统计,商务客人的人均日消费额比观光客人要高出23%。此外,商务旅游者在目的地的停留时间也相对较长。所以,一般来说商务旅游的利润率高达20%—30%,远远高于一般旅游的利润。

1. **活动目标**

能对苏州商务游客的情况进行具体分析,准备导游词。

(1) 家庭散客成员的心理特点。

(2) 家庭散客旅游的偏好分析。

2. **活动内容与要求**

(1) 将全班同学按6人一组分组讨论。

(2) 分析的重点:注重分析的准确性与真实性,形成基本合理的可行方案。

(3) 分析时间为15分钟,要求各小组分工合作,确定小组中的记录员、汇报员。

任务2 为商务游客制定旅游线路,准备导游词

旅游路线:凤谷行窝(历史),秉礼堂,八音涧(假山),嘉树堂,七星桥,知鱼槛(造园思

想),郁盘亭,先月榭(锦汇漪、理水),卧云堂,美人石

小提示 针对商务客人,在制定人文类景点旅游线路时,应该考虑哪些因素?

考虑因素:商务客人逗留的时间、身份背景、客源地、对文化和经济的喜好等。

商务旅游线路制定的注意事项:

(1) 线路游览时间不宜过长,需要考虑商务客人的游览时间和游兴。

(2) 线路小景点的选取要考虑到商务客人的职业、文化背景、地域特点。

1. 活动目标

能制定游览路线。

(1) 游览线路制定的方法。

(2) 游览线路内容的选择技巧。

2. 活动内容与要求

(1) 将全班同学按 6 人一组分组讨论。

(2) 分析的重点:根据上海家庭散客的具体情况制定旅游线路。

(3) 分析时间为 15 分钟。

任务 3 为商务游客提供景区讲解服务

上海恒祥商贸有限公司的游客你们好,欢迎大家到“小上海”来!因为你们那是国际性大都市,我们这即便再发达,也远不能及,因此“大”字就送给你们,繁荣的都市——大上海。城市繁华了,生活节奏加快。大家也刚参加完在无锡的展销会,那就让我们放慢步伐,走进无锡名园——寄畅园,去感受一番悠闲!

无锡这座寄畅园(图 2-2)位于城西秀美的锡惠山麓,占地 15 亩左右(相当于上海的半个豫园)。从明代由大词人秦观后裔建园至今保存完好,将近 500 年的历史了。1988 年成为国务院公布的全国重点保护单位,是无锡人的财富和骄傲。这无锡的寄畅园与上海的豫园都是江南名园,小巧精致,最大的不同在于寄畅园是江南著名的山麓式别墅古典园林,将远处青郁惠山借入园中,达到“山中有园,园中有山”的奇妙意境。而且您可知道,在现今北京的颐和园内,有一个园中园叫“谐趣园”,是当时乾隆帝多次游览无锡后对这个园子实在喜欢至极,仿建而成。同时,园子以高超的借景,洗练的叠山、理水的手法,创造

出自然和谐、灵动飞扬的山林野趣之感，寄托了主人的生活情趣和对自然的哲学思考。

图 2-2 无锡寄畅图

各位游客，咱们进了门厅，迎面看到的建筑上有一匾额，上面写着“凤谷行窝”几个苍劲大字，我来为大家解释下。凤谷行窝是这个园子寄畅园最早的名字。园子的第一任主人为宋代大词人秦观的后裔秦金，而秦金号凤山，园子又建在惠山山谷中，因此叫它“凤谷”，再者秦金又十分谦虚，觉得这十几亩的小地方实在简陋，与皇帝奢华的行宫相去十万八千里，最多就是个小鸟窝，便叫它“行窝”。“凤谷行窝”式的别墅园林建在惠山的山谷中不是很有一番山林野趣的味道吗？到了第三任园主秦耀，官场失意，蒙受不白之冤，被革职回籍，这样使得园主将自己的怀才不遇、不得志都倾注到山水园林之中，对园子大加改造，使园子景致更加完美，并且引用了“书圣”王羲之“寄畅山水荫”诗意，为其命名“寄畅园”，在大江南北名声大噪，引得喜欢江南美景的康熙、乾隆两皇帝各七次流连忘返，陶醉其中。您瞧，这西边墙上有两块石匾，“山色溪光”几个苍劲大字是康熙手迹，精炼概括了寄畅园的自然美景；“玉戛金枞”由乾隆皇帝题写，赞美的事园中八音涧的美妙泉声。这就好像现在的名人效应，名人、明星代言广告，打响产品品牌知名度。寄畅园先后共 17 次迎接御驾，又得到两位皇帝的亲笔题词，这真是非凡的荣耀呀！这企业知名度一打响，在长三角甚至全国都是咱们的市场呀！

咱们向左转，穿过这个“碍月”月洞门。“碍月”顾名思义，阻碍了月亮的意思。晚上，月亮升起时，您要是从这里抬头望，这前面的惠山显得格外高大，好像都要遮住了月亮，当然，这都是古人丰富的想象，手法夸张了点。可是园林艺术本身都有种抽象美，这样不失为文人的一种浪漫情调，您觉得呢？穿过“碍月”门洞，眼前的苏式小庭院叫“秉礼堂”，面积不到 1 亩，可是却包含了厅堂、水池、碑堂、花木、假山石，好像一个独立的小庭院。这种大园包小园的手法，园林行话叫“隔景”。因为私家园林，尤其是我们江南一带的园林，规模风格上远没有皇家宫苑那么庞大奢华，更多的是一种山林野趣的细小景致。前面我也为大家提到，这座园子的总面积不到 15 亩，没有上海豫园的一半，为了使园子整体充实，就要通过园景的分隔，达到“小中见大”的效果，不信咱们走出这小院。

来到这片小广场，是不是觉得眼前豁然开朗？大家左手边的是园主秦耀读书的书房——“含贞斋”，右边这座假山群由太湖石堆叠而成，好像有九头攀爬的狮子，因此叫“九狮台”。屋前两棵为高大挺拔的古银杏，后面种植的是大片桂花树。想必您也知道，银杏是中国特有的活化石，有健康长寿、幸福吉祥的寓意，它又是雌雄同体的植物，也是道家所说的阴阳调和的象征，和谐统一的状态。桂树芬芳飘香，给人赏心悦目的感觉，而且寓意着多子多孙，富贵兴旺。在这里小刘我也希望大家健康长寿，幸福吉祥。而且您也可以参考这主人的布景，在您的公司门口也种上这些吉祥树，祝事业富贵兴旺，生意红红火火，财源滚滚，讨个好彩头！

咱们继续向前走，前面的这片假山叫八音涧，咱们穿行其间，时宽时窄，时陡时峭，一个转弯，给人山穷水复的感觉，可继续向前，又柳暗花明，豁然开朗了。乾隆皇帝赞美这处景观为“玉戛金枞”，形容的是二泉水穿过这黄石山涧，随山涧一起蜿蜒回复，泉水敲击着山石，叮叮咚咚，好像用“金、石、丝、竹”等八种材料演奏的优美乐曲。现在泉水干枯，无法为各位来宾奏出那种《高山流水》的乐章，但我们还可以感受到这“柳暗花明又一村”“先扬后抑”的“藏景”造园手法。而且，过了八音涧就是整个寄畅园的山水景观的转换处。您瞧，咱们现在站在秦家祠堂——嘉树堂前，看到的是一片碧波荡漾的水面——“锦汇漪”。它好像一面大镜子，将园中山、树、花、竹、云、亭廊、桥的影子都如锦绣文章一般汇聚在这一汪水面上，使得全园得景象一下就多姿、活泼了起来。而且仔细观察“锦汇漪”还可感知寄畅园理水技巧的精湛。整个水面占地不到 2 亩，却给人面积宽广的印象。您瞧，这靠近假山的一侧分出了两个小石潭，用小的深幽烘托大的宽大，体现了寄畅园理水的对比原则。再者，湖面上的这座“七星桥”不仅沟通湖面两岸，而且游客游走在这平桥上，与水面自然贴近，体会园主秦耀“仰观宇宙之大，俯察品类之盛”的胸怀。同时，不远处的廊桥遮住了水的去向，让人有种湖水依然源远流去、绵延到远方的错觉感。总的说来，这一系列的理水手法充实了水景，扩大了整个园子的视觉面积，不得不说古人造园艺术的精湛。

各位贵宾，咱们走过这“七星桥”就来到了全园的精华景点，也是最能表现园主对人生、自然的哲学思考的景观——知鱼槛。走进这座三面环水的小亭。您呀，就暂且依着这栏杆歇歇脚，欣赏这锦汇漪中的美景和水中自由自在游荡的鱼儿。大家面前的这块粉墙上是战国庄子与惠子对知不知道鱼的快乐而争辩的故事。园主秦耀为什么要引用这“知鱼”的典故，还要把这叫做知鱼槛呢？原来啊，这与他的人生变化是有很大关系的。秦家从宋代起就是名门望族，官绩显赫，秦耀自小也在这书香气息中接受教诲，成为明朝著名宰相张居正的得意门生。然而官场的尔虞我诈让他蒙受不白之冤，只得辞官离职。中国古代士大夫们的处世原则不外乎两个：“达则兼济天下，穷则独善其身”。兼济天下，便是入世当官，一般都遵从儒家的一套治国方案；而独善其身的人，选择出世，寄情山水，醉心山水野趣，更推崇老庄的道家观念，选择脱离官场的世俗纷争，去追求精神上的自我解脱，追求精神上与自然宇宙同在的无限、永恒之美。这种精神的实质在于“天人合一”，也就是人与自然的和谐统一。比如说中国的古典园林，特别是江南一带的文人园林，既不像欧洲规整的平地园，也不似日本微小袖珍的水石庭，是一种“可居可游”的自然山水园林，在营造布局上，山水植物建筑上，都力求顺应自然，尽显自然天成的美感。中国园林的艺术创作的最高准则用一句话概括就是“虽由人作，宛自天开”。不信您瞧，与知鱼槛隔着锦汇漪相对的山岗叫做鹤步滩，这两两相对的景物叫对景。因为这片假山与水池相接的地方，有零星矶石伸向水中，好像有白鹤降临，成群栖息，漫步滩头，从而得名“鹤步滩”。现在请大家抬高您的视角，看看不远处的惠山，不知您是否会觉得这是惠山的一支余脉？其实这也是一种常见的造园手法，这假山的山石、走向、质理都与真山一致，并且在假山脚下故意设了洞沟弯曲而上，给人一种拾级而上就可直达惠山的错觉，成功地将惠山的景致借入园中，达到一种“山中有园，园中有山”的奇妙意境。再看这知鱼槛三面不设窗、墙，只留有槛栏，您坐在这可以最大角度地观赏园内美景，并且这远处的风景框在这槛栏中，难道不像极了优美的山水画吗？这在造园手法上叫框景。总地说来，这“知鱼槛”是整座园子的点睛之笔，园主将自己沉浮升降的人生和不得意的仕途之苦都寄托到山水间，信奉老庄的“天人合一”之道，主张人与自然的和谐统一。其实这种思想也应该运用到当代人的生活中，譬如现今日益恶化严峻的环境问题，值得我们反思，千年前的道家文明早已点明人与自然的关系，因此，我们在经济发展的时候并不能一味谋求利益，还应尊崇自然，达到两者的和谐。而另一方面，在为人处世和工作上，遇到不顺心的事情，也无需过多地计较，重在心境的平和，悠闲自足，任随自然，享受一种超然物外的情趣。

各位游客，寄畅园的讲解就到这里，感谢大家的倾听和配合，希望大家通过观赏能够理解文人园林的道家精神，体会“天人合一”精神上的超然心境。

祝各位事业长虹，幸福安康！

商务游客讲解过程中的个性化服务：

(1) 注重自身形象气质，提供精品服务，以符合商务旅游的标准。

(2) 讲解过程中语言要准确干练、实事求是，切忌模棱两可、顾左右而言他。

(3) 服务过程中注重速度和效率，注重诚信，以满足商务游客的要求。

1. 活动目标

能针对客人特点进行现场讲解。

(1) 讲解技巧的运用方法。

(2) 讲解过程中的个性化服务方法。

2. 活动内容与要求

(1) 将全班同学按 6 人一组进行分组。

(2) 每小组成员利用多媒体创作锡惠公园导游词，要求体现苏州商务游客特点。

(3) 每小组成员平均分段讲解景区各小景点导游词，要求讲解流畅，团队合作配合。

模块三 景区解说服务管理

⊙学习目标

最终目标：

能进行景区解说服务管理。

促成目标：

1. 理解景区解说服务的功能。
2. 掌握景区解说系统的构成。
3. 掌握景区解说服务管理的方法。

⊙学习任务

1. 理解景区解说服务的功能。
2. 掌握景区解说系统的构成。
3. 掌握景区解说服务管理的方法。

游客对"西湖通"赞不绝口

2009年9月，杭州西湖景区正式向游客推出了环全西湖景区的自动导游讲解系统——"西湖通"。有了"西湖通"，游客能轻松游览西湖各个景点，还能准确了解该景点的人文故事、历史典故等西湖文化内涵。

"西湖通"自助导游机正面是一张杭州西湖电子导游图，里面装了整个杭州西湖景区，包括西湖十景、新西湖十景、三评西湖十景等300多个景点的音频介绍资料，长达10多个小时。游客佩戴上"西湖通"之后，到达任何一个西湖景点，机器都能自动识别是哪个景点，再根据不同的景点讲解。有了"西湖通"，游客相当于阅读了一本厚厚的关于西湖历史文化的书，在享受西湖美丽景色的同时，身心也得到一种文化的熏陶。

思考：(1)"西湖通"的出现对于景区解说服务有何变化？

(2)"西湖通"与人工讲解之间各有何优缺点？未来的景区讲解服务趋势是什么？

旅游景区的解说服务是景区的必要组成部分，是强化和加深游客在景区体验的重要手段。景区解说服务管理的对象是景区的解说系统。景区解说系统是运用某种媒体和表达方式，使特定信息传播并到达旅游者，帮助旅游者了解旅游景区相关事物的性质和特点，并起到服务和教育的基本功能。

一、旅游景区解说服务的功能

台湾科技大学休闲事业管理系助理教授、环境解说博士吴忠宏认为，"解说是一种信息传递的服务，目的在于告知及取悦游客并阐释现象背后所代表之含意，借着提供相关的资讯来满足每一个人的需求与好奇，同时又不偏离中心主题，期望能激励游客对所描述的事物产生新的见解与热诚”。还有学者认为，通过解说的独特功能，实现“资源、游客、社区和旅游管理部门之间的相互交流”。

一个完整的旅游景区解说服务应该具有的功能主要有以下六方面：第一，提供基本信息和导向服务。以简单的、多样的方式给旅游者提供服务方面的信息，使他们有安全、愉悦的感受。第二，帮助旅游者了解并欣赏旅游景区的资源及价值。向游客提供多种解说服务，使其较深入地了解旅游景区的资源价值、景区与周围地区的关系。第三，加强旅游资源和设施的保护。通过解说系统的设置和帮助信息，使旅游者在接触和享受景区资源的同时，做到不对资源或设施造成过度利用或破坏，并鼓励游客与可能的破坏、损坏行为作斗争。第四，鼓励游客参与景区管理，提高与景区有关的游憩技能。为游客安排各种实践活动，在解说系统的引导和帮助下，鼓励游客参加景区适当的管理、建设、再造等活动，学习在景区内参与各种运动及游憩活动所必需的技能。第五，提供一种对话的途径，使游客、社区居民、旅游管理者相互交流，达成相互间的理解和支持，实现旅游目的地良好运行。第六，教育功能。向有兴趣的游客及教育机构提供必要的解说服务，使其对景区资源及其科学价值和艺术价值等有较深刻的理解，充分显示旅游的户外教育功能。基于不同类型的旅游景区，其解说服务功能的重点有所差别。例如，自然类旅游景区的解说服务重点是强调旅游资源的保护和资源价值的挖掘；历史人文类景区解说服务重点则在于文化价值的展示或教育功能的发挥；主题公园类景区的解说服务重点是吸引游客参与等等。

二、旅游景区解说服务的构成

景区解说系统分为向导式解说服务和自导式解说服务两类。向导式解说服务以具有能动性的专门人员向旅游者进行主动的、动态的信息传导为主要表达方式，向导式解说服务一般由景区的讲解员（也称景区导游员）完成。自导式服务是由书面材料、标准公共信息图形符号、语音等无生命设施、设备向游客提供静态的、被动的信息服务。

（一）向导式解说服务

向导式解说服务是一种综合性、灵活性较强的工作。游客在景区游览的途中，讲解员既是引路员又是解说员，在车上、船上、危险地段他（她）还是安全维护员。

（二）自导式解说服务

旅游者获取自导式解说系统提供的信息没有时间上的限制，他们可以根据自己的爱好、兴趣和体力自由决定获取信息的时间长短和进入深度。因而，此系统对散客旅游者来说显得尤为重要。它的形式多样，主要包括牌示、宣传资料和电子导游三种。其中，牌示是最主要的表达方式。牌示大多属于引导标志，按照其内容可以分为以下五类：① 介绍。介绍牌介绍景区的概况、历史沿革、特征、主要构成等。② 警示。警示牌用以提醒游客应注意的事项，如道路上的各种警示牌，高压电、危险地段的各类警示标志。③ 引导。引导牌指明游览线路、景点及商店、厕所、停车场等的方向和距离，一般设在景区内有岔道的地方、公共场所、交通路口等处。④ 公共信息。公共信息牌内容包括天气预报、航班交通情况、景区内演出活动、团队住宿活动、游客留言、失物招领等，一般设在公共场所或游客相对集中的地方。⑤ 说明。说明牌主要用于景区内某旅游资源或某活动项目的说明和解释。例如，对一件遗存文物的说明，对景区内健康休闲车的租借方法、损坏赔偿的说明等。景区宣传资料的种类比较多，从大类讲有静态和动态两种类型。静态宣传资料包括导游图、交通图、解说手册、景区服务指南、风光图片、书籍、画册等，以及有关新开发的旅游产品和专项旅游活动的宣传品、广告、招贴以及旅游纪念品等，具有保留时间长、阅读层次面广等特点。这既是旅游解说系统的组成部分，也是旅游宣传的主要手段。动态宣传资料主要包括电影片、录像片、录像带等音像制品，形式多样，内容直观且生动活泼。电子导游是一种利用数码语音技术制作的自助式服务设备，可以让游客在参观游览的过程中，通过自行操作控制选择聆听景物或展品的介绍。目前，电子导游已经出现了无线接收式、磁带播放式、MP3 播放式、数码播放式等多种形式。其中，无线智能电子导游系统是目前最先进的电子导游形式。另外，计算机触摸屏解说系统也逐渐成为自导式解说服务的一种形式，多媒体触摸屏导览系统充分利用多媒体技术，声像信息丰富，实用性、可视性兼备。它可提供景区的整体介绍、重要景点的声像资料、旅游路线的选择、往返景区的交通、景区内服务设施说明等信息。

三、我国旅游景区解说服务管理

由于旅游活动的异地性和暂时性的特点，如果要让游客在短时间内获得对景区的良好旅游体验，那么必然要求景区提供全面的解说服务。国外在旅游解说方面的研究起步较早，目前已经深入到微观领域，如对牌示的设计、材料、颜色，解说牌大小、设置高度，甚至文字的大小、字体等的深入研究。相比之下，我国国内对解说系统的研究尚处于起步阶段，理论的匮乏影响到实践，表现为我国绝大多数景区的解说服务意识淡漠、解说系统不完整等。具体来说，目前我国景区在解说服务管理方面的重点是：第一，将景区解说服务管理纳入景区质量管理体系中，提高景区有关部门和人员对解说服务重要性的认识，解决观念问题并建立专门机构进行设计、监督和协调工作。第二，研究和吸收国外同类型旅游景区成熟的解说服务经验，提高景区解说服务水平。例如，我国的自然保护区、世界自然遗产地、国家风景名胜区等旅游景区，应该研究和参照美国的国家公园解说服务系统。美国国家公园管理局(NPS)在每个国家公园内都规划设计了完备的国家公园解说和教育系统，公园解说已经细化到园外解说、环境解说和遗产解说。博物馆类景区可以参考欧洲国家的解说服务，例如，英国、法国等国家。第三，投入更多的人力、财力挖掘景区文化和资源价值(尤其是人文类旅游景区)，以某种游客容易接受的方式进行解说服务，将我国旅游景区中厚重的内涵展现出来，避免出现“内行看门道，外行看热闹”的现象。第四，培养高素质的景区解说员。景区解说员类似于饭店的前厅接待，是景区对外展示的一个窗口，而且又是景区的文化使者，依靠他(她)可以向游客介绍景区的文化内涵和资源价值。在国外的一些旅游景区，出现老教授、老专家讲解员，他们能满足游客更深入的了解需要。而我国的一些旅游景区解说员，文化水平普遍偏低，仅仅依靠背导游词的办法给游客解说，是“磁带播放式”的导游，一旦游客有更多、更深入的问题询问，他们要么无言以对，要么胡编乱造，以致造成不良影响。因此，必须通过提高景区解说员的素质逐步完善景区的向导式解说服务。目前，要从以下三个方面对我国旅游景区解说员进行培训管理：一是语言运用技能的培训。解说员的语言应该正确、清楚、生动、灵活，做到言之有物、言之有据、言之有情、言之有趣。二是讲解技能的培训。常见的讲解技能包括：分段讲解、突出重点讲解、虚实结合讲解、触景生情讲解、问答法讲解、制造悬念法讲解、类比法讲解等。不同类型的旅游景区可以选择一种或几种技能进行讲解。三是心理服务技能的培训。讲解员要做到尊重游客、保持服务热情、学会使用柔性语言。柔性语言表现为语气亲切、语调柔和、措辞委婉、多用商讨的语气。这样的语言愉悦亲切、有较强的吸引力，往往能达到以柔克刚的效果。

(1) 学生分小组模拟为某一类型景区设计自导式解说系统，并进行文字和图片介绍。

(2) 学生分小组完成论文：浅谈景区解说服务的管理。

项目成果与检测

(1) 小组成员能完成景区各小景点导游词现场讲解，为合格。

(2) 小组成员讲解流畅熟练，语言生动形象，具有针对上海家庭散客的导游词特点，为良好。

(3) 小组成员讲解流畅熟练，语言生动形象，具有针对上海家庭散客的导游词特点，能体现个性化服务，讲解能令人产生共鸣，为优秀。

(4) 小组成员上台后自我介绍，各成员依次分段讲解景区内的小景点。

(5) 课程结束后各小组上交导游词的书面稿。

1. 参考书目

(1) 彭淑清.《景点导游》[M]. 北京：旅游教育出版社，2007 年。

(2) 孙喜林.《旅游心理学》[M]. 大连：东北财经大学出版社，2002 年。

(3) 黎泉.《导游趣味讲解资料库》[M]. 北京：教育旅游出版社，2008 年。

2. 网站链接

项目三 旅游商品销售服务

导入语

旅游商品是指游客在游览过程中所购的物品。它是景区经营的重要内容，也是景区经营收入的重要组成部分。如何使旅游购物变得兴旺？我们必须了解旅游商品内涵，研究旅游购物心理，掌握旅游商品的推介方法。

目标与要求

最终目标：

能完成景区旅游商品销售工作。

促成目标：

1. 能运用营销技巧推介旅游商品。
2. 能完成商品销售结账工作。
3. 能提供旅游商品的售后服务。

项目工作流程图

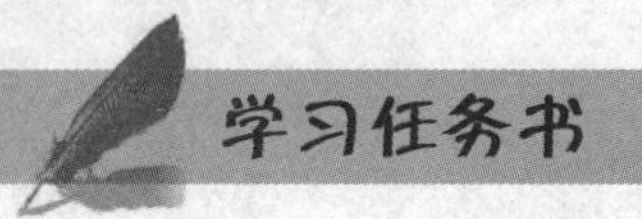

项目三的学习任务书见表 3－1。

表 3－1　项目三的学习任务书

项目模块	学习任务	课时
散客旅游商品销售服务	运用营销技巧向散客推介旅游商品	4
	完成商品销售结账工作	1
	提供旅游商品的售后服务	1
团队旅游商品销售服务	运用营销技巧推介旅游商品	8

模块一　散客旅游商品销售服务

◉学习目标

最终目标：

能完成对散客的旅游商品销售。

促成目标：

1. 能运用营销技巧推介旅游商品。
2. 能完成商品销售结账工作。
3. 能提供旅游商品的售后服务。

◉学习任务

1. 运用营销技巧推介旅游商品。
2. 完成商品销售结账工作。
3. 提供旅游商品的售后服务。

任务 1　运用营销技巧推介旅游商品

有一位外国客人到景区商店买东西，他看见一件雕刻品，很喜欢，便问服务人员这是什么原料雕成的。服务人员随口答道："石头。"这位客人听后，放下雕刻品就走了。到了另一个商店，他又看到同类雕刻品，服务人员不等客人发问，就主动介绍说："这是以青田石为原料雕成的，青田石是浙江特产，具有玉石的特点，是制作印章或雕刻的上品。"客人一听，非常高兴，当即购买了一件青田石雕刻的工艺品。

思考：(1) 运用营销技巧推介旅游商品有哪些作用？
　　　(2) 客人在购物时有哪些心理需求？

一、散客旅游购物心理

1. 求实心理

求实心理即追求商品的使用价值。游客购买商品，看中的是实用、实惠，并不十分注意商品外观。尤其是中低收入阶层的游客，在旅游过程中购买所需要的用品时，特别注意商品的质量和用途，要求商品经济实惠、经久耐用、实用方便。

2. 求名心理

求名心理即追求名牌和有名望的商品。优质名牌商品、具有纪念意义的商品、可荣耀身份的商品，都会使这类消费者爱不释手。对于有求名动机的消费者来讲，往往不大在意商品的效用和价格，而是注意商品的名望、象征意义和纪念意义，并在感情冲动时作出购买决定。这类游客希望在景区购买到具有纪念意义的工艺美术品、古董复制品、旅游纪念品等旅游商品。一方面是为了留作纪念，因为很多旅游者都喜欢把在旅游点买的纪念品连同他们在旅行中拍的照片保存起来，留待日后据此回忆他们难忘的旅行活动；另外一方面是为了带回去馈赠亲友，并以此提高自己的声望和社会地位。

3. 求美心理

求美心理即重视商品的艺术欣赏价值。俗话说："爱美之心，人皆有之。"爱美是人的本性。对游客来讲，离开自己的居住地参加旅游活动，不仅希望欣赏到美的风景，同时也希望能购买到一些富有美感的旅游商品。他们往往重视商品的款式、包装，以及对环境的装饰作用。

4. 求新心理

求新心理即追求商品的新颖、奇特、时尚。在游客购物的过程中，好奇心起到一种导向作用。游客大多喜欢新奇、新颖的商品，这些新的颜色、新的款式、新的质量、新的材质、新的情趣，可以满足人们求新的心理，调节枯燥、单调、烦闷的生活。因此，人们在旅游地看到一些平时在家看不到的东西时，就产生好奇感和购买的欲望。如在西安旅游，游客喜欢购买兵马俑复制品；在南京旅游，游客喜欢购买雨花石；在乡村旅游，游客喜欢购买竹制品、藤制品等。

5. 求廉心理

求廉心理即消费者对商品的价格特别敏感，他们追求价格低廉、经济实惠的商品。怀有这些动机的游客在购物时，注意力主要放在价格上，他们希望购买同等价值的商品能少花钱，喜欢买简单的商品及不包装的商品。这样，既不影响实用，又节约开支。当然，旅游活动本身是一种高级的、高消费的享受活动，游客通常不会像普通消费者那样过分追求廉价。他们希望了解商品的特色、制作过程，字画的年代、其作者的轶闻趣事以及鉴别商品优劣的知识等等。他们对当场作画或刻制的旅游商品及有关资料说明特别感兴趣。

6. 求尊重心理

求尊重心理是游客在购物过程中的共同心理需要。这种需要表现在很多方面，如希望售货员能热情回答提出的问题；希望售货员任其挑选商品，不怕麻烦；希望售货员彬彬行礼，尊重他们的爱好、习俗、生活习惯，等等。

二、散客旅游商品营销推介技巧

1. 善于接触客人

商品部服务员除注意自己的着装和仪容仪表外，更要善于与客人沟通。一般来说，客人刚一进店，服务人员不可过早向客人打招呼。因为过于接近客人并提出询问，就会使客人产生戒心，而过迟则往往使客人觉得服务人员缺乏主动和热情，使客人失去购买兴趣。

接触客人的最佳时机，是在客人认知与喜欢商品之间。通常表现为：

(1) 当客人长时间凝视一种商品的时候。

(2) 当客人从注意的商品上抬起头来时。

(3) 当客人突然止步盯着看某一商品时。

(4) 当客人用手触摸商品时。

(5) 当客人像是在寻找什么的时候。

(6) 当客人的眼光和自己的眼光相碰的时候。

服务人员一旦捕捉到这样的时机，应马上微笑着向客人打招呼。

商品部服务人员必须善于察言观色，通过对客人的言行、年龄、穿着、神态表情等外部现象的观察，学会揣摩顾客的心理，分辨顾客性格类型与购物喜好，有针对性地为客人服务。如对于目光集中步子轻快、迅速地直奔某个商品柜、主动提出购买要求的客人，服务人员要主动热情接待，动作要和客人“求速”的心理相呼应，否则客人容易不耐烦；又如，对于神色自若、脚步不快、无明显购买意图的客人，服务人员应让其在轻松的气氛下自由挑选。

顾客类型及具体接待方法如下。

(1) 见多识广型顾客：赞扬、保持谦虚。

(2) 慕名型顾客：热情、示范、尊重，不要过分亲热。

(3) 性格未定型顾客：大方、守分寸的热情，保持一定距离。

(4) 亲昵型顾客：赞扬、亲切、宽容。

(5) 犹豫不决型顾客：鼓励、引导、助他决断。

(6) 考量型顾客：提供参考、平和、有礼貌。

(7) 慎重型顾客：少说、多给他看、鼓励。

(8) 沉默型顾客：亲切感、有问必答、注意动作语言。

(9) 聊天型顾客：亲切、平和，在不经意中推荐。

(10) 爽快型顾客：鼓励、建议、替他决断。

(11) 好讲道理型顾客：多提供商品知识、理性推荐。

(12) 爽朗型顾客：热情、大方推荐、快速成交。

(13) 谦虚型顾客：鼓励、赞扬、距离感。

(14) 腼腆型顾客：主动接触、引导、多问。

2. 展示商品特征，激发客人购买兴趣

接近客人后的重要工作就是向客人展示商品，让客人观看、触摸、嗅闻。目的是使客人看清商品特征，产生对商品质量的信任，引起其购买欲望，加快成交速度。

展示商品是一项技术性较高的工作，需要服务人员具有丰富的商品知识和熟练的展示技术。在展示时，动作要敏捷、稳当，拿递、搬动、摆放、操作示范等动作不可粗鲁、草率，否则会显得服务人员对工作不负责任，对商品不爱惜，对客人不尊重。

3. 热情介绍商品，增进客人信任

当客人对某一商品产生喜欢情绪并对商品进行比较、评价的时候，服务员应适时地介绍商品知识，如名称、种类、价格、特点、产地、厂牌、原料、式样、颜色、大小、使用方法、流行性，等等。

所谓适时介绍，就是在分析客人心理要求的基础上，有重点地说明商品，以便"投其所好"。事实表明，服务人员积极热情、详细生动的介绍，可以激发客人的购买欲望，做成生意。有时，客人不一定要买什么，但由于服务人员的主动热情、多方介绍，使客人对商品有了更多的认识，或者因盛情难却，最终达成交易。反之，服务人员若漫不经心，不主动介绍商品，就可能失去做成交易的机会。

三、旅游商品推介岗位职责

(1) 介绍商品要注意严格遵守商业职业道德规范，维护消费者利益，实事求是地介绍商品，不夸大商品的优点，也不隐瞒商品的缺点。

(2) 不张冠李戴，不能为迎合顾客购买心理，将杂牌货说成是名牌产品。

(3) 不以次充好，不将积压滞销商品说成是紧俏商品。

(4) 尊重顾客的习惯、兴趣、爱好，有针对性地介绍商品，不盲目介绍或过分纠缠，给人以强买强卖的感觉。

(5) 语言要简明扼要，语调语气要体现出热情、诚恳和礼貌。

1. 角色扮演

学生分2人一组，一人扮演景区旅游商品销售人员，一人扮演游客，模拟完成无锡特产酱排骨的商品促销。

2. 活动要求

(1) 选用一种类型的游客作为代表，根据这类游客的心理使用营销技巧对其进行推介。

(2) 角色扮演过程中要设计相关环节，充分体现旅游商品推介的操作标准。

任务2 旅游商品销售结账

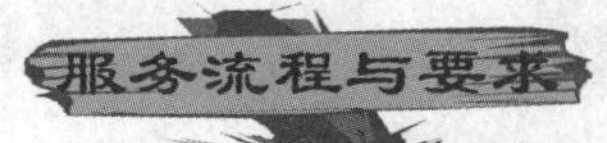

一、销售商品,收银

(一) 旅游商品销售流程

(1) 主动热情地迎接客人,耐心周到地服务于客人。

(2) 主动介绍旅游商品特点、性能、用途、产地、价格等情况。

(3) 耐心解答顾客提出的各种问题,不能表现出不耐烦的情绪。

(4) 在顾客多的情况下做到"接一应二联系三",让顾客感觉到你时刻都在关注他们。

(5) 当顾客犹豫不决时要多为顾客提建议和意见,为顾客当好参谋。

(6) 当顾客购买某商品后,要将商品进行包装,包装要美观大方而且牢固。

(7) 当费了半天劲儿客人未买下商品时,不能对客人进行埋怨、责备、讽刺、挖苦等,当客人因没有购买商品向服务人员说"对不起,我再转转,先不买了",服务人员要有相应的应答语,说"没关系,您再随便看一下吧"。否则会让客人感到难为情。

(8) 客人离开柜台或商场时,向客人说"再见"、"欢迎下次再来"。

(二) 收银注意事项

(1) 小心操作所使用的电脑、计算器、验钞机等设备,并做好清洁保养工作。

(2) 准确打印各项收费账单和发票,及时、快捷地收好客人应付的各项费用,对各种钞票必须能够验明真伪,对签名结账的必须有依据。

(3) 接受使用信用卡结账业务,并严格按程序进行操作。

(4) 在每班结束后,将当班收到的款项做收银员每班汇总表。

(5) 认真做好每班的交接,做好备用金及未完成事宜的交接。

(6) 离开时要帮助顾客将商品装入购物袋内并使用礼貌用语。

二、开具发票,包装商品

(一) 销售商品时开具发票的种类

1. 增值税专用发票

增值税专用发票主要有三联,每联的颜色和名字都不同:

第一联是绿色抵扣联。抵扣联,是购货单位的扣税凭证,此联最终去向是由购货单位交给税务局进行抵扣。

第二联是黄色发票联。发票联,是购货单位的记账凭证,此联最终去向是购货单位作为购买物品的原始凭证入账。

第三联是深蓝记账联。记账联,是销货方的记账凭证,此联最终去向是销货单位作为销售产品的原始凭证入账。

2. **增值税普通发票**

增值税普通发票的格式、字体、栏次、内容与增值税专用发票完全一致，按发票联次分为两联票和五联票两种，基本联次为两联，第一联为记账联，销货方用作记账凭证；第二联为发票联，购货方用作记账凭证。此外为满足部分纳税人的需要，在基本联次后添加了三联的附加联次，即五联票，供企业选择使用。

增值税普通发票，是将除商业零售以外的增值税一般纳税人纳入增值税防伪税控系统开具和管理，也就是说一般纳税人可以使用同一套增值税防伪税控系统开具增值税专用发票、增值税普通发票等，俗称“一机多票”。

（二）开具发票的注意事项

（1）在销售商品、提供服务以及从事其他经营活动对外收取款项时，应向付款方开具发票。

（2）开具发票应当按照规定的时限、顺序，逐栏、全部联次一次性如实开具，并加盖单位财务印章或发票专用章。

（3）所有单位和从事生产、经营的个人，在购买商品、接受服务，以及从事其他经营活动支付款项时，向收款方取得发票，不得要求变更品名和金额。

（4）销售商品，给对方折扣的，必须如实入账。可以在发票上注明回扣或佣金的比例和金额。

（三）商品包装

1. **旅游商品包装方法**

旅游商品包装上大体要突出以下五点。

（1）形状化。礼盒的形状各式各样，如长方体、心形、圆柱体、圆锥体等，但总离不开两种基本包装方法，即方形包装法及圆柱包装法。

（2）情感化。色彩对人的情绪影响很大，因此，包装纸颜色的搭配可按年龄和性别加以区别：男士应以冷色调为主；女士可选择色彩亮丽或素雅大方的浅色；儿童应挑选色彩明快、活泼可爱的图案。

（3）艺术化。每种精心加工的包装商品均能体现出一定的艺术性，可注重装饰带、装饰花等小点缀物在包装中所起的作用，通过它们可增加艺术效果，起到画龙点睛的作用。

（4）主题化。这是决定如何进行旅游商品包装的基础。旅游商品赠送主题众多：爱情赠礼，包装可选用心形或玫瑰图案，可用丘比特之箭进行装饰点缀，显现浓浓情意；亲情赠礼可选温馨的色彩，突出朴实宁静的亲切感。

（5）知识化。旅游商品包装是知识型包装，要对包装的材料有充分了解，小商品不宜用花纹较大的纸张，大商品不宜用花纹较小、色泽很淡的纸张。

旅游商品包装方法利用不断开发的包装材料和丰富的包装知识，商品的第二次包装才能真正成为一门艺术。

2. **四方形物品的包装方法**

（1）把包装纸裁剪成长是盒子周围长度＋2—3 厘米，宽是盒子的宽度＋3 厘米，盒底朝上置于纸张中央。

(2) 将右侧的纸张沿盒子向内折入，并保持纸的边缘位于中央。

(3) 再把左侧的纸向内折入。

(4) 用透明胶或双面胶带将纸张重叠处固定。

(5) 两侧的纸沿着盒子向内折入。

(6) 按照顺序，把纸张折成漂亮的梯形。

(7) 在上下折纸的交接处轻轻做上标记。

(8) 保持标记与边缘平行，折叠下面的纸。

(9) 用双面胶带或用漂亮的贴纸将接合处固定，再将另一侧包好，翻到盒子正面，用丝带或花装饰一下就完成了(图 3－1)。

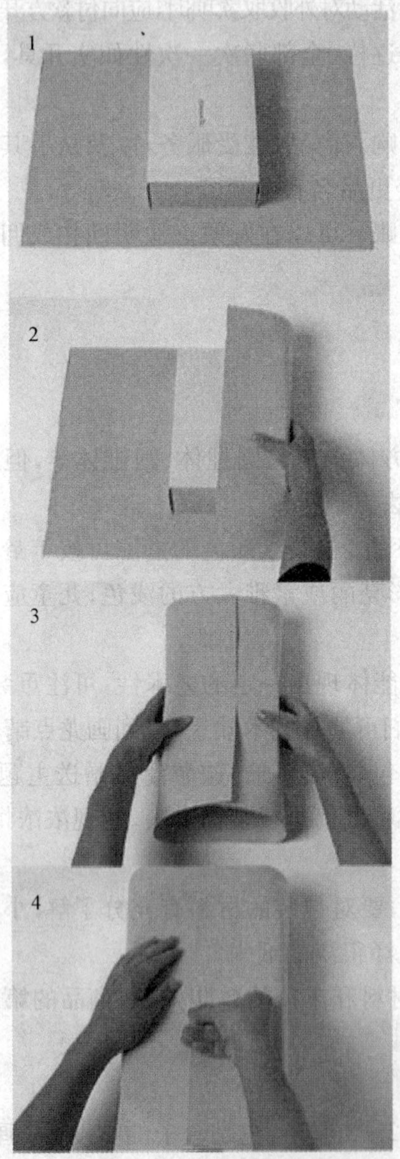

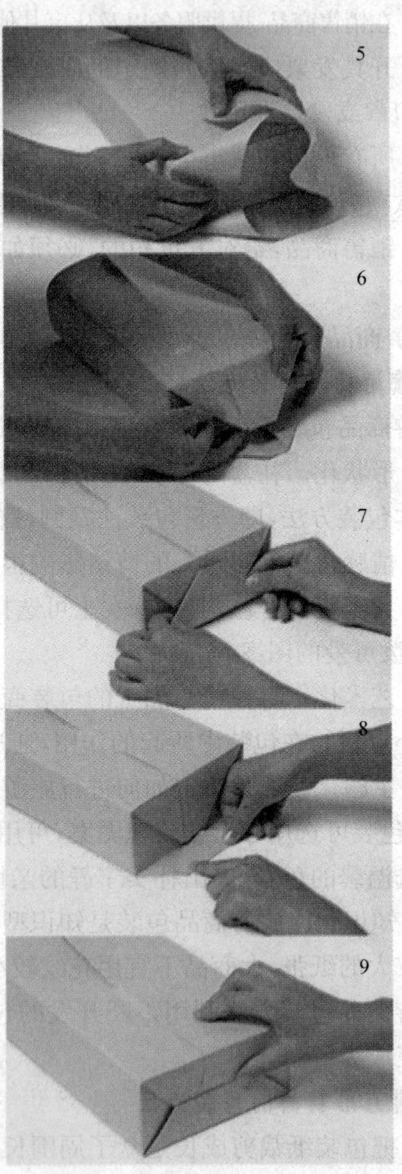

图 3－1　四方形物品包装法

3. **圆筒形物品的包装方法**

(1) 把纸绕在圆筒上，在重叠处用胶带固定。

(2) 把纸张顺序地向圆心折叠，做出漂亮的折皱。

(3) 折皱的收口部分要把多余的纸向内斜斜地折叠。

(4) 在中心轻轻地用胶带固定，把相同素材的纸剪成圆形，在内侧贴上双面胶带，然后再粘在中心部位，相反的一面也按照同样的方法，系上丝带就完成了(图 3-2)。

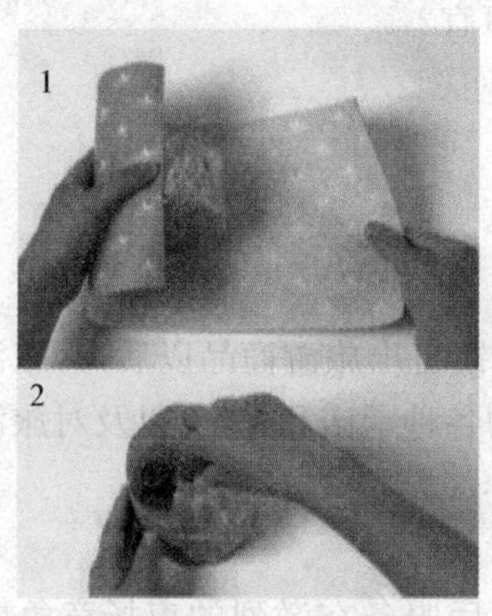

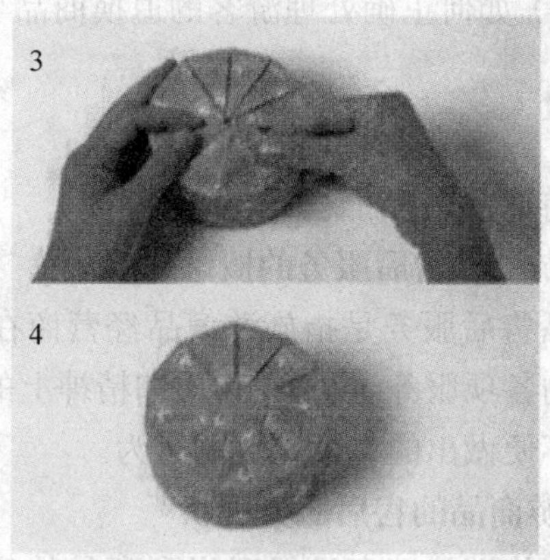

图 3-2 圆筒形物品包装法

1. **技能演练**

(1) 每位同学练习收银机的使用和假币的辨别方法。

(2) 每位同学利用老师提供的空白增值税发票样本，模拟为客人开具无锡酱排骨的销售发票。

(3) 每位同学准备好方形物品和圆形物品，自带纸张，根据包装方法练习方形和圆形商品的包装。

2. **活动要求**

(1) 技能演练中注意操作的标准规范。

(2) 通过反复练习达到掌握技能的目的。

任务 3 旅游商品售后服务

游客李先生在某景区旅游纪念品商店买了一对价格不菲的玉镯。晚上，李先生等人去

逛百货商店，在商店里请坐堂的地矿局质检师用仪器作鉴定，结果发现该玉镯等级与价格严重不符。第二天一早李先生来到商店交涉，要求退货，该商店销售人员态度极差，指着墙角一条不起眼的告示对李先生说："你看，告示上说得清清楚楚，本商店的商品，一经出售恕不退换。"商店坚决不予退货。李先生非常气愤，立即到旅游质监所投诉，要求讨回公道。

思考：(1) 旅游商品售后服务有何意义？

(2) 指出本案例中商店销售人员处理不妥之处。

(3) 如何正确处理游客的退换商品事宜？

一、旅游商品售后服务理论

(一) 旅游商品售后服务的概念

旅游商品售后服务是指旅游商品经营商在销售出旅游商品以后，为旅游者提供的与商品有关系的各项服务，包括在物质和精神上的各种承诺和补偿，以及对旅游者购买商品后所产生的不便做出的有效减免的行为。

(二) 旅游商品的售后服务现状

现在很多旅游经销商已经意识到商品的售后服务在激烈的市场竞争中是有力的武器，很多地方也在进行一定的售后服务，但是普遍存在不健全的特点，主要表现为以下三方面。

1. 没有统一的售后服务标准

几乎没有旅游商品经销商有一套完整的售后服务体系，对于旅游商品的售后服务变动性很大，常常因时间、销售者个人心情和旅游商品购买者等众多因素的不同而变化。

2. 没有齐全的售后服务项目

很多旅游商品的售后服务项目是有限的，并不是一整套的售后服务，只是对个别环节提供服务。

3. 售后服务普及度不高

对于大多数商家，旅游商品只要卖出，就和客户脱离了关系，不再在乎旅游商品购买者的行为，甚至对自己产品出现的问题也不再承认。

(三) 旅游商品售后服务的要求

1. 建立完善的售后服务体系

对于旅游商品售后服务要有一个标准的流程，所包含的环节要有一个明确的规定。从而使购买者清楚了解到自己在购买商品以后能得到哪些服务和保障，从而免去后顾之忧，也有利于经营者规范操作。

2. 售后服务细节人性化

售后服务不能只对商品将来可能出现的问题作出承诺，更应该包含实实在在能让旅游者感受到的具体细节，而这些也是旅游者更需要的。比如，如何解决旅游者因购买商品所造成的交通不便问题和如何让旅游者的携带更舒适等。

二、旅游商品售后服务实践

(一) 商品的托运服务

旅游者购买大件物品后，要求景区销售人员帮他托运，景区销售人员要协助游客办理托运手续。

(1) 收取足够的钱款(余额在事后由旅行社退还委托者)，以便托运。

(2) 留下客人的通讯地址、电话等有效联系方式，确定托运寄送日期。

(3) 发票、托运单及托运费收据寄给委托人，旅游景区保存影印件，以备查验。

(4) 对于食品等易变质商品，一般应婉言拒绝游客托运要求。

(二) 商品的退换服务

1. 游客退货的主要原因

(1) 发觉所买商品有假或有质量问题。

(2) 觉得商品价格与价值不符。

(3) 购物前欠考虑。

2. 退换服务范围

(1) 顾客退换商品时，必须持小票、发票，在15日内可以退换。

(2) 凡退换商品需要经过鉴定是否是质量问题后，方可退换；若非质量问题而是使用不当损坏的商品不予退换。

(3) 购买商品超过退换期限的不予退换。

(4) 原包装已经损坏的、配件不全的商品，不予退换。

(5) 个人卫生用品，包括内衣、内裤、袜子等商品不予退换。

(6) 已出售的香烟、酒类以及无质量问题的食品不予退换。

(7) 消费性商品，如电池、胶卷、磁带、书籍等不予退换。

乌镇景区实行“无理由退货” 打造旅游消费无虑景区

从2009年9月27日开始，游客要是在嘉兴桐乡乌镇景区的林家铺子、三珍斋等商铺内购物之后，都可以凭购物票据享受“无理由退货”。9月27日上午，乌镇景区召开了“推行‘无理由退货’制度 深化旅游消费无虑建设”公示会，首批10家景区经营户被授予“无理由退货商店”牌匾。

按照《乌镇景区流通环节无理由退货指导管理暂行办法》和《乌镇景区无理由退货诚信服务自律公约》规定，消费者在商品未损坏、不影响二次销售的情况下，不需任何理由，可以凭购货发票或消费凭证要求签约单位退货。而消费者购买商品时，签约单位应向消费者提供真实的消费信息、必要的技术指导以及购货发票或消费凭证。同时，消费者要求退换商品应当于购买商品之日起3日内提出，签约单位应当在7日内办理退换商品手续。

不过，“无理由退货”也有条件。位于乌镇东大街仁义桥南堍的泰丰斋美芳糕点作坊将“无理由退货商店”牌子一挂上，就引来了许多游客的注目。从湖北来乌镇旅游的张先生对于这一举措很赞赏："这样我们游客就没有了后顾之忧，买得放心玩得也开心。"首批无理由退货成员单位门口都统一立有"无理由退货诚信服务公约"的牌子，并且商店的显著位置也统一悬挂"无理由退货商店"的牌匾，销售发票上还有无理由退货提示以及统一的投诉电话，游客一目了然。不过，无理由退货并不等于无条件退货。为保护下一个消费者的合法权益，香烟、散装酒、化妆品、音像制品等没有质量问题不作退换；有污损影响二次销售的商品和保质期短于7天的商品也不能退换。

一位游客在景点某商店买到一件贵重工艺品，后经人指点说是一件赝品。他找到景区商店要求退货，请问作为景区销售人员，如何处理此事？

要求：

(1) 学生分组讨论解决问题的方案。

(2) 根据方案内容，分角色扮演游客和销售人员，情景再现退换服务场景。

(3) 处理退货问题时，景区销售人员应注意哪些问题？

模块二　团队旅游商品销售服务

学习目标

最终目标：

能完成对团队游客的旅游商品销售。

促成目标：

能运用营销技巧推介旅游商品。

学习任务

运用营销技巧推介旅游商品。

范例载体：向北京旅游团队推介无锡特产珍珠。

学生活动载体：向山东旅游团队推介无锡特产紫砂茶壶。

课外学习拓展：向内蒙古旅游团队推介扬州特色工艺商品扬州玉器。

任务　运用营销技巧推介旅游商品

向北京旅游团队推介无锡特产珍珠

各位北京远道而来的朋友们，大家上午好：

欢迎大家来到美丽的江南水乡——无锡。不知大家有没有发现，无锡女子不管姑娘、太太还是婆婆，都不时兴戴铂金、黄金和钻石项链，一根珍珠项链春夏秋冬。为什么呢？原来一是出于对地方特产的偏爱。太湖珍珠，慈禧最爱，曾说东珠南珠不如太湖珍珠。二是珍珠是凉性的，尤其夏天戴时，能保护嗓子。三还可以用来养颜。慈禧太后早晚各一勺珍珠粉，强身美体；平日里还用珍珠粉和着鸡蛋清做面膜，黄金搭档。她老人家用着舒心，我们用着放心。无锡的大小商场有珍珠制的口服液、珍珠粉、珍珠膏、保健品、化妆品，千款万款，但是真假难辨。今天小张在这里就教大家如何辨别珍珠，如何使用珍珠。

珍珠文化源远流长，一直是我国世代不变、历久弥新的崇尚。珍珠是我国古代最有名的珍宝，上至皇冠、龙袍，下至项链，都用珍珠装饰，它晶莹洁白、圆润柔和、光彩夺目，被人们视为富贵、安康、完美、纯洁的象征。珍珠是佛教的七宝之一，同时还被人们视为珠宝皇后、六月生辰石、结婚十二周年的信物。日本、菲律宾、法国还将珍珠视为国石，珍珠作为高贵饰品深受人们的青睐，它既象征身份，又能满足人们渴望拥有价值恒久珍贵宝物的心理，佩戴珍珠饰品，既增女士风采，又具药用功能，真可谓无价之宝。

珍珠是蚌的产品。在海中有珍珠层的蚌类生物，当它张开贝壳呼吸，海中的沙粒或微生物进入蚌的体内时，蚌受到刺激感到不适，它便会分泌珍珠质将入侵物层层包围起来以减轻痛苦。经过多年的分泌，入侵物便形成了珍珠。天然生成的珍珠几乎已绝无仅有，一般所称的珍珠，也就是海水珠——养珠，是由人工养殖，将珠核植入蚌体内，刺激分泌珍珠质，经过3年以上岁月层层包裹生长而产出。也因植入珠核为圆形，因而多半的养珠以圆形为主，且一般认定以大而圆为佳品。

人类蓄意模仿天然珠的形成，将一颗圆核植入蚌的体内，令它受刺激而分泌珍珠质。因此养珠的外层比天然珠薄。在蚌做了手术后，大约要3年时间养珠才长好，每一只蚌只能养一颗珠。养珠也非常讲究技巧，天气转变时要检查蚌是否健康；养珠留在海里太久可能会变样；而日子不够，珍珠母层不够厚，则会形成质素差的养珠。目前，日本是世界上首屈一指的优质养珠出产国。

而天然彩色珍珠则属湖水珠，养殖过程大致与养珠过程相似，但不以核珠植入改以另一只贝类的肌肉组织切成小条放入蚌内，令其分泌珍珠质将肉包围而生成。凭借着专业技术的提升与悉心照料，加上大自然神奇的力量，孕育出各式各形天然彩色珍珠，有圆形、椭圆形、纽扣形、水滴形及不规则形等，颜色有纯白、橙色、灰色、玫瑰紫色等众多色彩，在评比上也与养珠的既定原则大不相同。

珍珠是生命铸就的珠宝，是最有生命灵性的珠宝，现代科学证明：它含有人体必需的20多种天然氨基酸及微量元素、矿物质和活性钙等。珍珠所发出的光谱对人体有理疗的作用，珍珠直接与皮肤摩擦放出的味质能为人体所吸收。佩戴珍珠对神经衰弱、心神不安者有镇惊作用，对甲状腺肿大和喉症等慢性病治疗具有明显的辅助作用。

那怎样鉴别珍珠饰品好坏呢？一件高质量的珍珠饰品，通常应珠光饱满、光彩照人。光泽上要选择具有强烈珍珠光泽的，有内部反射光的感觉。淡水珍珠形状多样，大多是圆的，还有米形、半圆形、扁形、梨形，而海水珍珠只有圆的一种。不同颜色的珍珠，适应不同的肤色，珍珠的颜色主要有粉红色、白色、金黄色、黑色带紫色的等，形状上一般选择圆度好、表面无瑕疵的，颗粒上选择大的，加工工艺上选择造型美观大方、卡扣牢固的。好珍珠有晕彩，白色带玫瑰色是最上等的珠色，而黑珍珠价值最为昂贵。选择珍珠一定要结合自己的肤色。泽：珍珠的光泽越亮越好，典型的珍珠光泽在透明到半透明之间。形：珍珠越圆越好，圆形珍珠给人以高贵完美之感，形状均匀对称的珍珠也不错。滑：珍珠一般都会有些瑕疵，瑕疵越少的珍珠越好，强光可以掩饰一些轻微的瑕疵，如不愿花太大的价钱购买一串圆润的珍珠，那么选择光滑而略带瑕疵的为上策。怎样区分淡水珍珠与仿珍珠、染色珍珠呢？将两颗珍珠对擦时，仿珍珠有滑感，真珍珠有涩感，将珍珠在玻璃上摩擦时，仿珍珠无条痕，真珍珠有珍珠粉条痕。真珍珠用刀轻轻地刮有珍珠粉，后用棉布或手拭去后感觉没有损坏珍珠。淡水珍珠还有一个优点就是无核，而海水珍珠内需用一个核才能嫁接而成。所以淡水珍珠可以生产珍珠外用美容品，也可以制成口服速溶珍珠营养保健品。但海珍珠因有核就比较困难。染色珍珠一般光泽比较差，看起来不自然，呈灰色和黑色，如用布沾一点5%稀硝酸擦洗，布上会有黑迹。

有游客朋友问了，购买珍珠首饰后怎样保养呢？不用着急，小张给你一些建议。① 由于珍珠的硬度只有3.5至4.5；所以，不宜将它与其他饰品放在一起，以免互相碰撞，刮伤其表面。② 平时可用绢或绸布包保存。珍珠主要成分是碳酸钙及少量的水分，应该避免过于高温、干燥、通风的储存环境，以免珠皮光泽受损。珍珠需要新鲜空气和一定的湿气，最好每隔数月便拿出来佩戴，让它呼吸透气一下。③ 每半年，使用中性肥皂加水清洗一次；浸泡约5—10分钟即可，以软刷轻洗之。尽量避免用水大力冲洗珍珠饰品。水可能进入珠的小孔内，难以抹干之余，可能会残留水渍，甚至连珠绳，也可能因此变色和失去韧性。若真要清洗，一定要用软布擦拭干净，再风干至少24小时。待其完全干燥后，可涂抹少许橄榄油在表面。一来保持珍珠的圆润，二来也可增加其光泽。④ 勿使用市售的首饰清洁剂清洗珍珠，其化学成分，有可能会伤害珍珠层，或使其变色。⑤ 使用香水、发胶等制品时，应待喷完后，再佩戴珍珠。且若有汗等水气沾染，应用软布擦拭，并完全风干后收藏。珍珠是娇贵的宝石，需要您的细心呵护。

思考：(1) 旅游商品销售人员在推介珍珠时使用了哪些技巧？

(2) 旅游商品销售人员主要是从哪几个方面推介珍珠的？

一、团队旅游购物心理

1. 从众心理

从众行为是行为科学的名词，是指群体成员个人服从或遵循群体活动规则或行为标准。从众行为有自觉从众、不自觉从众和不从众之分。自觉从众行为，是指表面从众，内心也从众，即个人与众人行为的真正一致。这是群体内聚力强、个性归属感和认同感极高的表现。不自觉从众行为，是指表面从众内心不从众，即迫于群体压力下，人们自觉不自觉地以某种规则或多数人意见为准则，作为价值判断，改变态度，是自己与大多数人习惯难于一致的表现。这种行为虽然不理想，但可以保持群众行动，不至于影响大局。不从众行为，是指表面反对，内心也反对，属于破坏群体行动的行为。

团队旅游过程中非常容易出现从众心理，尤其是在购物的时候，很多游客表现出自觉从众行为，人云亦云，人买亦买；此外，还有部分游客出于自尊心和好面子心理，表现出不自觉从众行为，虽然内心不是非常愿意购买，但是出于争强好胜之心，出现跟风购买现象。景区销售人员要充分利用团队游客的从众心理，打破无人购买的僵局，实现购物促销的目的。

2. **团队中不同类型游客购物心理**

(1) 青年旅游者。所谓青年旅游者是指 18 岁到 25 岁左右的旅游者，这是旅游市场上最活跃的一个消费者群体，对事物有很强的敏感性，对新鲜事物有强烈的好奇心。追求明显的消费个性，以独特的方式来显示自己的成熟和与众不同。同时，他们也追求时尚，追赶时尚与消费风潮。另外，青年旅游者在购物决策中带有较强的冲动性，容易受环境因素的影响，这是因为青年人易受情绪性购买动机的支配，常常是头脑一热，买下再说。

(2) 老年旅游者。人们一般把 60 岁以上的人称为老年人。他们极少发生冲动性购买行为。在旅游商品的需求上把旅游商品的实用性作为购买商品的第一目的。他们强调经济实用、舒适安全、质量可靠、使用方便，至于商品的款式、颜色、包装装潢等是放在第二位考虑的。

(3) 女性旅游者。女性旅游者的购买行为具有较大的主动性(而男性的购买行为常常是被动的，比如受他人之托)。另外，女性的心理特征之一就是感情丰富、心境变化快、富于联想，因而她们的购买行为带有强烈的感情色彩。

(4) 知识分子。知识分子旅游者对文化气息较浓的旅游商品更感兴趣，尤其注重旅游商品的艺术性和具有保存价值。知识分子旅游者在购买旅游商品时的自主性较强，大多愿意自己挑选所喜欢的商品，对于服务人员的介绍和推荐抱有一定的戒备心理，对于广告一类的宣传也有很强的评价能力。另外，他们在购买行为中表现出较高的理智，受社会流行和时尚等因素的影响较小。

(5) 白领阶层。由于这一类消费者群体的工作环境中现代气息很浓，因此他们在购买旅游商品时，追求商品的高档化，对名牌商品和名贵商品比较感兴趣。而且，由于他们的收入水平较高，购买力较强，新风格、新式样的旅游商品容易在他们中推广。

二、旅游商品的推销技能

1. **感情沟通**

在向旅游者介绍和推销商品之前，首先要与旅游者进行一定的沟通，使其产生一种心理上的认同感。同时，还要注意观察并发现旅游者身上的某些优点，加高鼻梁、大眼睛、好发质、好身材等，让自己的赞美能真正发自内心。

2. **免费享用**

让旅游者得到免费的小商品或无偿的服务，这是促销过程中的有效方法。使用免费促销手段包括免费品尝、免费使用、免费服务等，可缩短商家与旅游者之间的距离，避免旅游者盲目购物，增加商家销售利润。

3. **营造环境**

现代的旅游商店，不仅需要丰富的物品、周到的服务，而且还需要强化文化气息，营造温馨氛围，尽可能地吸引和方便旅游者购物，使其流连忘返。

4. 便利客人

现代的快速生活节奏，改变着人们的消费方式。便利的购物条件、周到的售卖服务、优惠的商品价格等，成了吸引旅游者的磁石。

5. 情趣消费

现代旅游商店经营多强调商店功能的多样化。旅游商店不妨举办一些游艺活动或文化活动，以吸引客源，并借此机会推动购物。因为现代人工作繁重，生活节奏紧张，比以往更需要娱乐和休闲。

6. 礼品馈赠

旅游商店适当地馈赠礼品，也是吸引旅游者的一种手段。这种手段可以刺激旅游者的购买欲望。目前，流行馈赠的礼品有纸巾盒、圆珠笔、记事簿、擦鞋用具、食品包装纸、钥匙扣、针线包、名片夹等。

7. 实物演示

耳听为虚，眼见为实，这是客人普遍的心理状态。许多商家正是看准了消费者的这种心理，采用实物演示的手法，让旅游者看得明白、买得放心。

8. 悬念捉劣

假冒伪劣的旅游商品扰乱了旅游商品市场的正常秩序。为了让旅游者放心购买，商家可以制定捉假捉劣奖励措施，欢迎旅游者"吹毛求疵"。

9. 精心包装

旅游商品包装除了具有对商品的保护作用外，还有装饰、美化作用。实际上越来越多的商场依赖包装设计来取悦于客人。

三、团队旅游商品营销推介技巧

1. 开诚布公式

这种方法主要面对的是一些比较豪爽的客人。在很多人的心目中，景区购物回扣是一个公开的秘密，如果你面对这种客人还藏着、掖着，会让客人觉得你不实在，他们会主动跟你较劲，所以，面对此类客人可以把回扣方面的事情说得稍微明白一些，告诉客人，如果你们进这个店购买旅游商品我会有小费，希望客人鼓励一下，客人在游程不紧张、经济情况允许的情况下会同意购物，而且效果不错。

2. 欲扬先抑式

这种方法要求商品销售人员在面对客人时，尽量少说赞美旅游商品的一些空话和套话，不要把让客人对旅游商品形成固定的观点，让客人的心理状态稍低一点，然后在实际购买过程中，用精彩的讲解推介和优质的服务使客人对旅游商品有一种感性上的认识，自我感觉旅游商品不错，从而产生兴趣，激发客人的购买欲望。

3. 专家博学式

游客购物消费最害怕买到假货，他们需要的是一个购物和消费的专家，这就要求旅游商品销售人员比团队导游、游客具备更高的知识，对旅游商品的产地、历史、种类、市场价格、分辨真伪的标准等各个方面熟悉，从中提取一些客人比较需要的东西，在讲解推介的过程中反馈给客人，使他们感到放心。

4. **主动示范式**

旅游商品销售人员在讲解推介时，可以通过主动示范或亲手演示的方式吸引游客的注意，从而引起游客的购买欲望。比如在推介珍珠的时候，销售人员亲身佩戴一条色泽明亮、珠圆玉润的珍珠项链进行现身说法，往往会引起游客极大的兴趣。再如在推介茶叶时，可以通过茶艺表演、游客免费品尝等方式来推介。

5. **价格对比式**

很多游客收入有限，来自工薪阶层，没有太多的钱，所以在购物时价格是经常考虑的东西，那么旅游商品销售人员在推介过程中就应该了解市场行情，比如一件商品在不同城市销售的价格不同，同类商品的不同档次销售价格也并不同，如果销售人员心中有数，在购物过程中把价格分析得比较透彻，客人会比较愿意购买。

1. **活动目标**

(1) 能针对客人特点进行现场旅游商品推介。

(2) 能运用营销推介技巧进行推介。

2. **活动内容与要求**

(1) 将全班同学按6人一组进行分组。

(2) 每小组成员分组讨论，确定旅游商品推介技巧的类型，并以此创作导游词。

(3) 每小组成员平均分段讲解旅游商品推介导游词，要求讲解流畅，团队合作配合。

项目能力检测的评价标准见表3-2。

表3-2　项目能力检测评价标准

评价的类别		评价标准	分值	得分
项目过程评价(40)	对个人的评价(25)	出勤：准时上课，不无故缺勤	2	
		角色履行：正确认识和履行在小组中的角色任务	3	
		团队合作：有团队合作意识，能团结小组成员完成项目的任务	5	
		态度：能积极参与团队项目过程，尊重其他成员	5	
		团队贡献：能积极提出建设性意见和建议	5	
		与人沟通：用恰当的方式解决团队合作问题；用正确的方式与团队成员、老师以及其他人交流，交流效果有效	5	

续表

评价的类别		评 价 标 准	分值	得分
项目过程评价(40)	对团队的评价(15)	平等分配项目小组任务和角色	5	
		全体成员工作积极主动,项目活动参与度高,项目工作氛围好	5	
		用正确的方法解决团队工作问题;团队内部沟通及时有效	3	
		积极与课程老师、景区、社会的相关人士及时、有效沟通	2	
项目结果考核(60)	结果展示(50)	注重礼仪、仪容,自信,有亲和力	10	
		运用一种推介技巧成功推销旅游商品	15	
		正确开具发票和包装商品	10	
		能处理客人的旅游商品纠纷问题	15	
	回答提问(10)	问题 1	5	
		问题 2	5	
总 评			100	

[参考书目]

李灵资.《导游促销艺术一本通》,旅游教育出版社,2006 年。

项目四 综合服务

导入语

一个旅游景区，无论其基础设施如何完善，服务如何到位，都会有一些意外情况发生，如游客在游玩过程中遇到疑问需要咨询，游客对景区内的服务或设施现状不满要投诉，游客在景区游玩过程中摔伤，等等。因此，景区内专门设置了为游客提供咨询服务和投诉处理的服务中心，提供综合服务。作为一名景区工作人员，学会处理游客的各种问题是基本素质之一，本项目主要教授景区游客接待过程中常见的问题处理。

目标与要求

最终目标：

1. 能完成景区咨询服务。
2. 能处理景区投诉事件。
3. 能处理景区突发事件。

促成目标：

1. 能完成景区电话咨询。
2. 能开展景区当面咨询。
3. 学会分析游客投诉心理。
4. 能受理景区投诉事件。
5. 能处理景区各类突发事件。

项目工作流程图

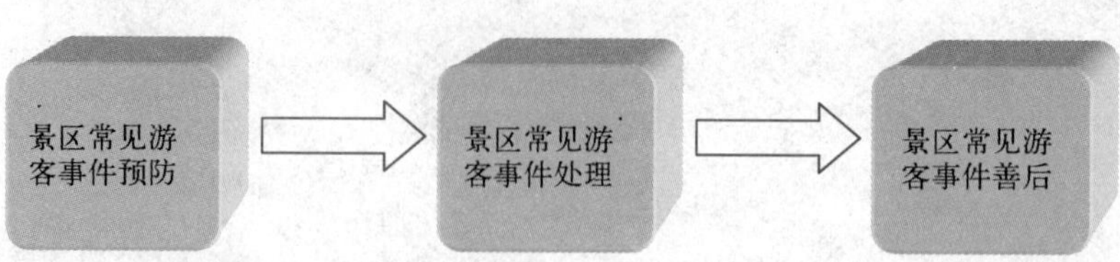

学习任务书

表 4－1 为项目四的学习任务书。

表 4－1　项目四的学习任务书

项 目 模 块	学　习　任　务	课　时
景区咨询服务	电话咨询服务	2
	当面咨询服务	2
景区投诉服务	游客投诉心理分析	1
	游客投诉处理服务	3
	游客投诉管理	2
景区突发事件处理	景区治安类事故处理	4
	景区设施设备类事故处理	4
	景区疾病类事故处理	4
	景区安全管理	2

模块一　景区咨询服务

⊙学习目标

最终目标：

学会景区咨询服务。

促成目标：

1. 电话咨询服务。
2. 当面咨询服务。

⊙学习任务

1. 学会电话咨询服务。
2. 学会当面咨询服务。

任务1 电话咨询服务

十一黄金周马上要来了，忙碌了几个月的小张，想要找个旅游景区休闲放松一下。网友给他提供了几个景区的咨询电话。于是他首先拨打了网友推荐较好的一个集休闲、度假、娱乐为一体的A景区。电话铃响过五六声以后，传来了服务人员急促而又低沉的声音："您好，A旅游景区。"

"您好，我是上海的一名游客，想在黄金周期间去你们景区游玩，可否咨询一下你们黄金周期间推出了哪些特殊的优惠活动？"

"对不起，我们黄金周期间没有优惠活动。"

"那有没有增加一些特色旅游活动？"

"请问您是一日游还是度假游？"

"什么意思？"小张有些疑问。

"如果是度假游，晚上我们景区会有大型的篝火晚会，但是我们这里接待中心客房非常紧张，如果是一日游，没有增添旅游活动。"

"那就是说我要度假的话也不一定有地方住，是吗？"

"是的，我不敢保证。"

"噢，谢谢。"

"再见。"服务人员急不可待地挂了电话。

小张对A景区的满腔希望破灭了，于是他拨打了另一个景区的服务电话，优美的音乐过后，传来了服务人员甜美的声音，"您好，这里是B景区，很高兴为您服务。"

小张听到后心里有些温暖，马上把刚才的问题重新问了一遍。

服务人员回答："对不起，我们这里黄金周期间没有优惠活动。但是黄金周期间我们景区增添了许多新的活动项目会对游客开放，晚上有歌舞联谊会，门票价格不会上涨。"

"是吗？那住宿紧不紧张？"

"有些紧张，请问您打算几号来？"

"这有什么不同吗？"

"如果您是3号来，我们的接待住宿中心还有一个标间，如果是2号之前就没有房间了。"

"是这样啊。我3号来也没有关系。"小张想了想说。

"那我帮您把3号的房间定下来吧。"

"好的，谢谢。"

"请您把您的联系方式告诉我，如果您改变了主意，也请提前打电话告诉我，好吗？"

"好的，没问题。"小张愉快地把联系方式告诉了对方。

放下电话，小张看看剩下的几个景区，心想没有必要再打电话了，因为经过两个景区电话服务的比较，他相信B景区的服务肯定是好的。因为他想要的就是一个良好的服务环境，一个可以让自己尽情放松的环境。

【案例分析】案例中两个景区电话接线员的不同服务态度，决定了游客的去向，从中我们也可以看出合理使用电话艺术的重要性。案例中的小张，十一期间打算外出度假，经过网友的推荐首先拨打了一个风景较好的景区的咨询服务电话，但是电话咨询服务人员态度冰冷，对游客的咨询敷衍了事的态度让他大失所望，而来自B景区接线员温暖的话语、热情的服务，以及充分为游客考虑的态度，给他的感受很不错。因此，小张没有再咨询别的景区，就选择了B景区。

游客在了解景区的渠道中，电话咨询是必不可少的，是否合理使用了电话艺术会影响到一个景区的整体形象。因为在电话服务过程中，一个人的态度、语言、内容及时间的把握，都会给对方留下一个直观的印象。这一印象被称为是“电话形象”。电话形象可以说是一个人文明修养及企业良好形象的组成部分。因此，负责接待游客咨询的工作人员应当重视电话咨询服务的艺术性。

一、咨询服务分类

咨询服务可以分为电话咨询服务和当面咨询服务，其中电话咨询服务主要设在景区的接待服务中心，由经过专门培训的服务人员来承担，解决游客的疑问，以及受理所反映的问题。另外当面咨询服务总部也设在景区的服务中心，同时景区内所有的工作人员对于游客来说都是可以咨询的服务人员。

二、电话咨询服务流程

(1) 尽快接听电话。电话铃响3下之后立即接听，不要铃响的第一下就接听，否则对方可能尚未做好准备，如果铃响超过3下后再接听，拿起电话后就应先向对方致歉：“对不起，让您久等了。”

(2) 拿起电话先问候。接听电话后第一句话，应该是先向对方问好，然后自报单位名称及所属部门。如：“您好！这里是××景区，很高兴为您服务。”

(3) 接听电话过程。电话接听过程中，应当注意力集中，耐心倾听对方的讲话并及时做出反馈。

(4) 咨询服务电话。作为景区的服务电话，电话旁边应该备好记录用的办公用品，如咨询服务记录表和笔，确保在工作区域内能够随时记录咨询内容及需要转达、通知的通话内容。如果在服务过程中遇到需要查询的情况，切忌让对方拿着听筒等你。

(5) 通话结束时。通话即将结束时，服务人员向对方说“很高兴为您服务”或“祝您玩得愉快”等祝福语后，等对方先挂电话后再轻轻放下话筒。

三、电话咨询服务主要事项

(1) 服务人员要对景区有全方位的、即时的信息支撑。只有电话咨询服务人员对景区有全面的了解，才能更好地为游客服务。

(2) 要掌握正确接听电话咨询的服务流程。

(3) 注意语言的运用和接听电话的姿势。在接听电话时语言运用要准确、简洁、得体，音调适中，说话的态度自然，声音甜美，尤其要注意敬语、谦语等礼貌用语的使用。服务员的姿势，主要是在接听电话过程中绝不能有吃零食、喝茶、吸烟等行为，包括服务员的坐姿也要正确。

四、得体的电话语言技巧

接打电话时要注意语言的技巧，不要使用生硬的话语，要尽量用婉转、大方的方式进行交流，这样更有利于沟通的进行。

不可以说	可以说
你是谁？	请问您是哪位？
你叫什么名字？	对不起，我没听清楚，能再重复一遍吗？
你有事吗？	我能为您做些什么？
请大声点！	对不起，我听不清楚您在说什么？您能否大声一点？
这个我也不清楚。	对不起，这个我现在也不是很清楚，等我确认以后给您回电可以吗？
他出去吃午饭了。	小李刚刚走开，可能要过一个小时左右才回来，要我叫他给您回电吗？
你打电话到接待服务中心吧。	这个信息可能我们接待服务中心更清楚，我很高兴您与他们联系，或者我让他们给您回电好吗？
对不起，我帮不了你。	对不起，我这儿没有那些资料，是否需要资料室给您回电？

1. 对方发脾气

在服务的过程中，总会遇到有些客人对一些服务不满意，反反复复后可能会发起脾气来，这个时候服务人员要学会适当地安抚客人，首先要冷静地聆听对方的倾诉，在他们倾诉的同时要说些表示同情的话，让他们知道你还在听，比如说“我理解您的心情”，“对，这样的吗”？同时分析导致其生气或失望的缘由，尽量做到理解他们生气的缘由。其次是提出解决的方法。在听明白客人的抱怨以后，争取和对方一起寻找解决问题的合理方法，如果他们提出某些可行的建议，就可以马上解决。

2. 对方注意力不集中或离题

在打电话时，会遇到对方注意力不集中或者离题的情况，如果感觉出对方好像注意力不太集中，可能他那边正好有别的事情，就可以说“×女士，刚才我说得不是很清楚，我再重复一遍吧”？或者提醒一下对方，“您现在是不是很忙，如果不方便我先挂掉，等会儿再打好吗?”同样在谈话过程中对方可能会离题，这个时候要学会使用过渡技巧将话题拉回来，如“是吗？那刚才我们谈的那个问题，您怎么看?”

3. 对方喋喋不休，没有挂掉电话的意思

在电话服务过程中可能会碰到来电者喋喋不休，服务人员为了不影响个人和单位的形象，可以采用以下两种方法委婉地挂掉对方的电话。

(1) 金蝉蜕壳法。如果你已经给了对方一个明确的答复，这时你可以见机说"很高兴今天能为您服务，对不起，领导正在叫我呢，我们能否以后再聊?"或者"感谢您的来电，另一部电话在响，我们以后再聊好吗？祝您玩得愉快!"

(2) 总结法。如果打电话的人得到了相应的服务以后，还想继续聊，那你可以说："×女士，我们来总结一下刚才为您服务的内容，看看还需要什么补充吗?"

李女士一家周末打算去最近刚开发的一个旅游区游玩，但是下了高速以后没有发现开往该旅游区的标志，只有另外一个旅游区的指示路线。在询问路人不知道的情况下，她想起了网上找来的旅游区咨询服务电话，于是她拨打了这个电话，下面是他们的对话：

"您好，是A旅游区吗?"

"是的，有什么事情?"

"我们今天打算去你们旅游区游玩，可是现在在高速瓜沥出口处，现在有三个方向的道路，我们不知道该往哪条走?"

"瓜沥？这个我也不知道啊?"

"能否帮我问一下?"李女士有所不悦。

"等一下!"

……过了很久……

"喂？他们也不清楚啊，你们找个路人问问好了。"

没等李女士反应过来，接线员的电话已经挂断了。

1. 活动目标

掌握电话咨询服务的技巧和流程。

2. 活动内容与要求

(1) 根据给出的材料将全班同学按6人一组分组讨论该服务人员犯了哪些错误？应该如何回答游客的咨询?

(2) 根据方案分角色扮演李女士和景区咨询人员，模拟电话咨询情景。

(3) 分组讨论时间为30分钟，要求运用电话服务技巧，写出书面方案。

任务2 当面咨询服务

某日，一位手持3张过期一天门票的女士来到某景区接待服务中心。服务人员主动

上前问候。

服务人员："您好，有什么可以为您服务的吗？"

游客："您好，我这里有3张前段时间的赠票，昨天到期了，我想问一下今天进去游玩可以吗？"

服务人员："对不起，您也知道您的票已经过期了，按规定，票只要过期就作废了。"

游客："但是，仅仅一天而已啊，我已经讲过了，因为我们很忙，所以没来得及来玩，正好今天有时间，就赶紧过来了。而且我对你们景区的印象也很好，所以才再次来光临的。"

服务人员："谢谢您的赞誉，但是我们公司有公司的规定，过期的票就不能再用了。"

游客："可是我仅仅过了一天啊，大家都对你们景区印象很好，也极力向我们推荐，您可否站在我们的角度考虑一下，3张票如果不用的话肯定是个很大的浪费啊。"

服务人员："我知道，我也很理解你们，但是您也不能让我违反规定吧。"

游客："规定是死的，但是人是活的，我相信可以变通的啊，您看我们是听朋友推荐，才这么执著地一定要来玩的。"

服务人员："感谢您对我们景区的支持，我相信您也知道，正是我们的规范管理才会赢得大家的信赖，您刚才这个问题正是违反我们景区规定的，您这是在为难我啊。"

游客："没有这么严重吧，我相信景区应该会考虑我们游客的权益的。"

服务人员："这样吧，如果您重新买3张票的话，我去为您找经理审批打八五折好吗？"

游客："还是要重新买呀？"

服务人员："是的。"

游客："好的，好的，也不差这些钱，不为难你了。"

服务人员："非常感谢您对我工作的支持，希望您在我们景区能度过愉快的一天。"

思考：(1) 该案例中服务人员有哪些地方值得学习？

(2) 分析游客咨询心理和特点。

(3) 分析游客当面咨询问题时景区工作人员应遵循的原则有哪些？

一、当面咨询工作流程

1. 主动问候

在岗的工作人员当遇到满脸疑问、迷茫或正准备走向自己的游客时，应该主动迎上前去问询，"您好，请问有什么需要我帮助吗？""您好，我可以为您做些什么？"这样会给处在困难中的游客以温暖的感觉，并留下亲切、热情的好印象。

2. 专心倾听

对于游客提出的问题应该认真倾听，首先应双目平视对方，全神贯注，集中精力，以示尊重与诚意；对于提出的问题应该以点头或"嗯"等形式有所反馈，让对方知道你听明白了他刚刚的阐述。其次，要有优雅的姿态。在游客提问的时候不可以三心二意，不可以有左顾右盼、手指绕来绕去的表情和动作。要始终保持典雅的站姿、正确的坐姿和优美的步态，以及适当的手势。

3. **有问必答**

对于游客的问询，要做到有问必答。用词得当，简洁明了，不能说也许、大概之类没有把握、含糊不清的话，自己能回答的问题要随问随答，绝不推诿；对不清楚的事情，不要不懂装懂，随意回答，更不能轻率地说“我不清楚”；经过努力确实无法回答，要向游客表示歉意，说“对不起，这个问题我现在无法回答，让我先了解一下，好吗？”此时应该通过电话或向旁边的工作人员咨询的形式来解决游客提出的问题。若离开现场去别的地方问询，问清楚以后应马上回来告答，不能一去不返。

4. **愉快的再见**

对待游客的咨询，应当直到其满意为止。当游客满意地准备离开时应主动向游客道别，并祝其玩得愉快。可以说：“再见，祝您玩得愉快！”

二、咨询人员具备的岗位素能

(1) 详细掌握本景区内所有的景点布置、游览线路以及景区内的基础设施。

(2) 熟悉对当天或者定期在景区内开展活动的内容、时间和参加办法等，及时向游客提供游览景点的路线、购物和休息等有关信息。

(3) 为游客在本景区旅游做好参谋，并尊重游客的风俗习惯。

(4) 了解景区周边情况，为游客提供参考方案。

1. **多人询问**

如果多人同时问询，应先问先答、急问急答，注意客人情绪，避免怠慢，使不同问询的游客都能得到适当的接待和满意的答复。例如，当回答前面游客的问题时，可以对后面问询的游客点头致意，并说“请稍候”；当碰到有的游客非常着急插队到前面来问询时，需要征得下一游客的同意，如果不同意，而当下这位游客又非常着急，则可再同下一位游客协商，可以说“出门在外不容易，大家需要互相照顾，看来这位同志的确很着急，您看？”也不要和一位游客谈话太久，而忽略了其他需要服务的游客。

2. **对方固执己见**

在位游客服务时经常会碰到一些固执己见的游客，认为自己是对的、合理的，就得按照他的想法来解决，此时服务人员应该尽量地说服，如果顾客提出的要求在不违反岗位原则和部门规定的前提下，尽量满足顾客；但是如果是在部门规定之外，那就应该坚持原则不退让。

一位失望的游客来到景区接待服务中心，服务人员热情地接待了他。游客说：“我们来了两天了，结果都是阴雨连绵，这里的景点都在室外，我们只能待在客房里睡觉，你们附

近还有没有别的景区，我们要换地方了，不想在这里浪费时间了。”

1. **活动目标**

掌握当面咨询服务的技巧和流程。

2. **活动内容与要求**

(1) 根据给出的材料将全班同学按 6 人一组分组讨论如何回答游客的咨询。

(2) 根据方案分角色扮演游客和景区咨询人员，模拟咨询情景。

(3) 分组讨论时间为 30 分钟，要求运用服务技巧，写出书面方案。

模块二 景区投诉服务

学习目标

最终目标：

能处理景区投诉事件。

促成目标：

1. 能分析游客投诉心理。
2. 能处理景区投诉事件。
3. 学会游客投诉管理。

学习任务

1. 分析游客投诉心理。
2. 处理景区投诉事件。
3. 进行游客投诉管理。

任务 1 游客投诉心理分析

游客投诉的原因分析

一、景区服务人员主观原因

1. **不尊重客人**

由于服务人员不能摆正自己与客人的角色关系，对在旅游服务交往中游客享有的特殊权利和自己应尽的义务不理解，未能树立起“客人总是对的”的观念，把尊重自己与尊重客人对立起来，所以容易出现不尊重客人的行为。诸如对客人冷淡，对询问不予理睬，或一律回答“不知道”；语言不文明，不注意礼节礼貌，不尊重客人的风俗习惯，未经敲门许可就闯入客房；无端怀疑客人带走饭店物品，误认为客人未结清账目就离开等等。这些都会导致顾客投诉。

2. **不一视同仁**

有的服务人员将客人分成等级，以财取人，以貌取人；有的服务人员还对客人的服饰、打扮评头品足；有的对常客是热情有加，但是对不经常来或是第一次来的客人不冷不热，常常是冷热不均，厚此薄彼，怠慢内宾，优亲厚友，拉关系，走后门。这样势必会使客人反感，从而进行投诉。

3. **语言沟通不畅**

沟通，即双方或多方通过充分的交流而达到相互理解。俗话说："一句话能逗人笑，一句话能惹人跳。"景区服务人员都要懂得这一浅显的道理。在接待服务的过程中巧妙地使用礼貌用语。常用的有"对不起"、"别客气"、"谢谢"、"您好"、"再见"、"欢迎再来"、"请"等等。然而，在实际工作中，却因使用"模式语言"不灵活，接待宾客或处理问题时语言表达欠艺术，造成沟通不畅，以致招惹宾客不悦、愤怒，乃至投诉。

二、游客自身原因

游客为人比较挑剔，对景区人员的服务进行投诉，如服务态度差，服务技能欠缺。

游客对价格敏感进行投诉，如景区门票太高。

三、景区设施设备原因

没有或缺乏卫生设施，或卫生设施条件太差，如厕所有异味等。

住宿条件简陋，桌面、椅子、毛巾、地毯等破损，不干净。

没有与景区配套的娱乐项目。

发生安全事故、意外事件，治安状况太差，缺乏安全感。

旅游气氛太差，小贩穿梭其间，追客强行兜售。

交通混乱，车辆摆放无指定区域。

在某游乐园的"激流勇进"项目前，很多游客正在排队体验一下从半空中漂下的刺激感觉。此时有一个 15 人的旅游团队，他们中的一位中年女游客来到小卖部，告诉营业员说："我们要买 15 件一次性雨披。"小王说好的。小王当着女游客的面数出了 15 件雨披，在得到女游客的确认后，收了 15 件雨披的钱，然后把雨披交给女游客。

可是过了一会儿，女游客急匆匆地赶了回来，对小王说："你怎么少给了我一件?"小王很意外，说："不会的，我点了 15 件，你也看到了。"游客很着急地说："但是我拿回去发，一人一件，最后确实少了一件，肯定是你少给我一件。"

此时，买雨披的游客越来越多，小王急不可待地解释："可是我清点的时候你也看到的是 15 件，您拿走了以后现在又来说少了，我也没办法。"游客说："我们一共 15 人，拿回去一人一件，差一个没有，肯定是少了一件，大家可以作证。""那你掉了也有可能。"小王一边忙着应付别的游客一边回答。"怎么会呢？这么近的距离怎么可能掉了，再说即使掉了也可以看得到的，肯定是你少给我一件，应该再补给我一件。"

"给你一件可以，但是得另外付钱。"

"你少给我一件，还要我付钱，凭什么！"

"那对不起，没有！"

"你什么态度?"

"我就这个态度。"小王也不依不饶。

"我要投诉你！就这样的态度，还做服务员！"

活动内容与要求：

(1) 将全班同学按 6 人一组分组讨论游客产生投诉的心理和原因。

(2) 分析时间为 15 分钟，要求各小组分工合作，确定小组中的记录员、汇报员。

任务 2 游客投诉处理服务

十一黄金周期间，某主题公园为了吸引游客搞了很多表演活动。一天，接待部小王接到了一个游客的投诉电话。

游客激动愤怒地说："你们景区太差劲了，有哪些活动我们游客都不清楚，我们回到家以后听人家说才知道，好多表演都没有看上。"

小王被对方情绪感染了，说道："是吗？我们在入口处有一块大的广告牌，上面有活动和时间表，你没有看到吗？"

游客嗓门更大，说道："我怎么知道，你们又没有跟我说，我们大老远地赶来，花了那么多钱进去，结果光看见人多，其他的什么也没有看到。"

小王据理力争，说道："那你当初怎么不问问？我们一天到晚接待好几万游客，总不能一个一个说吧。"

游客更加愤怒："好好，你们就这个态度，我会去投诉你们的！"

小王说："那我也没有办法。"

思考：(1) 小王犯了哪些错误？

(2) 如果你是小王会怎么做？

(3) 你如何看待景区投诉？

(4) 如何处理景区投诉事件？

一、处理投诉的心态

1. 同理心

投诉的顾客大都表现得怒气冲冲，情绪失控，碰上谁就向谁发火。因此，服务人员很容易在心理上对顾客产生反感，觉得顾客是在和自己过不去，或者没教养。于是在无意中把自己与顾客的关系对立起来，采取了对抗或不理睬的态度。这样的想法只能导致冲突的发生、升级，无助于问题的解决。其实，此时最需要的是抱有同理心，即站在顾客的立场上去看问题，理解、信任顾客，相信顾客的怨气是有理由的，他们之所以投诉确实是因为他们的某些需求未获得满足；他们之所以见到谁就向谁发火，不是因为天性如此，而是把每个服务人员都看成是企业的代表。抱有同理心，并不意味顾客一定是对的，而是尽可能去理解顾客为何如此难受，什么原因让他如此生气，他的问题在哪里？只要尽可能这样去思考问题，服务人员就会对顾客抱有理解的心、同情的心，而不会把顾客看作是令人讨厌的、不可理喻的人了。

2. **克制**

科学研究发现，当一个人在面对攻击时，会本能做出搏斗或逃走的反应，肾上腺素分泌加快，心跳加速、血压升高并且呼吸急促，身体自动地准备应对受到的攻击。这些生理反应帮助了我们的史前祖先逃生，但此时却妨碍了有效处理顾客投诉。正确的选择是抑制身体对顾客愤怒的自发反应，让它回到安静的状态中，即克制。一个有关“狮子和老虎”的团队对抗游戏很好地解释了克制的效果。团队成员被分成两组，一组担当“狮子”的角色，一组担当“老虎”的角色。面对面站立，举起双手，与地面保持平行，掌心相贴。然后让“老虎”向“狮子”施加压力。可以看到，拼命抵抗“老虎”的“狮子”会遇到更大的阻力；不抵抗“老虎”的“狮子”却遇到了很小的阻力，甚至“老虎”在不知不觉中松开了手。顾客就相当于这个游戏中的“老虎”，他发怒、投诉就相当于向服务人员施压。如果服务人员以同样的态度对待顾客，顾客就会用更大的愤怒反击；但如果服务人员始终以一种礼貌友好的态度对他，就会令顾客的怒火慢慢消退。顾客回复平静，问题就好解决了。所以，克制自己的情绪才能控制顾客的情绪。

二、投诉处理的六步法

当服务人员用同理心和克制面对顾客时，双方就架起了一座沟通的桥梁。然后借助于投诉处理的六步法，就可以很好地解决顾客的投诉了。

1. **鼓励顾客发泄**

顾客不满的时候，他只想做两件事：表达他此时的心情和迅速解决问题。服务人员需要做的就是鼓励顾客发泄。在鼓励顾客发泄的过程中，服务人员要注意以下地方，以免顾客愤怒升级。请顾客到环境适宜的地方。嘈杂、简陋的环境不利于顾客发泄，甚至可能增加顾客的烦心。所以，把顾客请到一个安静的、有座位的和有水喝的地方。长期的客户服务经验表明，顾客坐下来时怒火会明显降低，如果再聪明地递上一杯水，顾客的情绪会发生很大的转变。在听顾客表达的过程中，要有回应，如点头、交流、眼神口头应答等。这让顾客觉得服务人员的确是在急他们之所急。记住一点：顾客只有在发泄完，才会听服务人员说。在顾客发泄的过程中，服务人员需要细心聆听，发现对解决问题有效的信息。也许此时顾客更多表达的是自己的感受和观点，但同样对解决问题有一定的参考价值。另外，还需要控制自己的脾气。顾客此时发泄，并不是针对谁，只是想一吐心中的不快，所以，服务人员千万不要一时控制不住自己，心里生出同顾客的对抗情绪。顾客同样是对事不对人的。最后，还要注意语言的使用。恰当的表达方式包括：“我理解您的感受！”“我明白您的意思!”“是的,谁遇到这种情况都不会开心。”避免使用的表达方式包括:“你可能不明白……”,“你肯定弄混了……”,“你应该……”,“我们不会……我们从没……我们不可能……”,“你弄错了……”,“这不可能的……”,“你别激动……”,“你不要叫……”,“你平静一点……”等。

2. 道歉及感谢顾客

有些人认为向顾客道歉,会使景区蒙羞,令自己承担责任。事实上,这种想法是不合逻辑的。服务人员的道歉表明了景区对顾客的诚意,使顾客感到自身的价值和重要性,这只会让顾客更加认同该景区。接待的人可能不是制造错误的人,但即便如此,也应该道歉,因为这个顾客由你接待,而你代表着景区的形象。不要在顾客面前责备其他同事,或为自己找借口,顾客需要的是解决问题,错误在谁并不会让他有多大兴趣。找借口或者责备其他同事可能会令顾客产生被推诿的感觉。道歉不是认错,道歉是让顾客知道,景区对他的遭遇表示遗憾,景区很在意他的烦恼,并且会想办法尽快改正。与此同时,要向顾客致谢。感谢顾客提出了有利于景区在管理或服务方面亟待改善的问题。顾客的位置发生了变化,不单是一个景区产品、服务的使用者,同时也是监督者。顾客会满意这种变化,怒火会相应降低。可用这样的话表示感谢:“很抱歉我们让你感到失望了。”“抱歉给您带来了不便。”“你的话提醒了我们……谢谢!”

3. 提问,了解问题所在

听过了顾客的抱怨,表示了歉意和感谢,但这只不过是给了顾客一个空的礼品盒,真正的问题还没有得到解决。这时,就需要通过提问进一步搜集信息,解决顾客的问题。尽管顾客在发泄阶段说了很多话,但可能会忽略一些重要的信息,他们以为那不重要,或者忘了说出来,而这也许正是问题解决的关键。因此,提问可以收集到更完整的信息,了解顾客真实的需要,正确地解决问题。在国内众多行业里,在处理顾客投诉上,通讯行业做得是比较好的,其他许多行业在这方面应该向通讯行业学习,而移动又是这一领域里做得比较出色的。他们的服务人员在提问上表现得尤为专业。除了可以收集到更多的信息外,提问还可以使顾客跟着服务人员的思路走,避免漫无边际的抱怨。有的服务人员担心提问会打断顾客的话,给顾客压力。其实,如果不通过提问收集足够的信息,最终给出的解决办法很可能是错误的,如果那样,后果会更严重。怎样提问,问些什么问题,才能帮助我们尽快准确地了解问题、处理问题呢?在聆听顾客的解答时,要注意重复,以检验顾客说的和自己理解的是一致的。人们不同的理解能力常让事情出现多个结果。同时还要做好记录,便于思考和保存。

4. 承担责任,提出解决方案

在明确了顾客的问题之后,很显然,下一步是要做的就是拿出一个双方均可接受的解决问题的方案。注意,解决方案中不应包含不在自己权限或者景区不允许的内容,这将令最后承诺无法兑现时顾客更加愤怒,顾客很可能再也不会来了。常见的解决方案包括:① 退款。如果最后的解决方法是退款,要得体地把款项退回给顾客,而不要像是在施舍顾客一样,把钱扔给顾客或者带着轻蔑的眼神。如果景区规定要经过上级部门或者财务部门批准后才能给顾客退款，也就是顾客无法立即拿到退款，那么就要向顾客详细解释这个规定，并告诉顾客什么时候可以拿到退款。最后，虽然没做成这笔生意，也要多谢顾客的惠顾，并欢迎他下次光临。② 补偿性关照。当错误看起来无法通过退换货进行改正，或通过道歉弥补时，就要给予一定的补偿性关照。包括：送赠品，如礼物、商品或服务；公司承担额外的成本，如送货费用；个人交往，表示歉意和关心；打折。补偿性关照是在感情上给予顾客一定的安抚和补偿，它不能替代服务。

5. **让顾客参与意见**

尽管从专业的角度服务人员提出了相应的解决方案，但是可能顾客还是不满意，这时最好征询顾客的意见。“您希望我们怎么做?”这样顾客感到了尊重，心里会很满意。但是，顾客的要求可能会出乎服务人员的意料或是无法满足，或者问题是由顾客造成的，又该怎么办呢？当不满的顾客提出要求时，首先尽量满足他们的要求，人们对于自己得不到的东西，可能会很失望，有挫折感或者不安，甚至不满。而服务人员不计对错地满足顾客的需求，就会发现顾客的不满减少，满意增加。要知道，结交一位新顾客的成本是保持一位老顾客成本的5倍！也许有的服务人员会认为这种方式会助长顾客的占便宜心理。其实没这个必要，顾客大都是理智的，不会为了占便宜而要求退钱或是换货。况且，从满意顾客口中传播出去的免费广告给景区带来的利润，会远远胜于一小部分别有用心的顾客造成的损失。作为普通服务人员，有时可能没有足够大的权限去满足顾客的要求，这时应快速找到一个有权限处理的人。如果顾客的要求实在是超出景区规定的范围时，可以考虑向他道歉，并表明自己的确是想帮他，顾客在这种诚意之下，也许就放弃了自己的固执；或者可以向顾客提供其他的选择，把顾客的注意力从一处转移到另一处。

6. **追踪服务**

在某些品牌景区的售后服务中，当顾客来到景区旅游之后，他们会在之后的几天里给顾客打一个电话，询问旅游感受，顾客对此举非常喜欢。看，即使在没有出现问题的情况下都需要追踪顾客的感受，那么在顾客投诉之后，就更需要追踪顾客的感受了。追踪服务的形式有打电话、发电子邮件或发信函。通过追踪服务，向顾客了解解决方案是否得到执行，是否有用，是否还有其他问题。如果服务人员与顾客联系后发现他(她)对解决方案不满意，就需要继续寻求一个更可行的解决方案。在对顾客的追踪服务中，无论是打电话，还是发邮件和信件，都应遵循一定的格式。格式如下：追踪服务可以强调景区对顾客的诚意，打动顾客和给顾客留下深刻印象，所以，要善于运用追踪服务，而不仅仅是在投诉中。

一、面对愤怒的游客

当服务人员面对愤怒的游客时，如果处理不当则会使得游客更加愤怒，如果巧妙地处理则可以使愤怒的游客成为忠诚的客人。

(1) 情绪的稳定。服务人员应该理解顾客的愤怒是合乎情理的，因为每一个人愤怒的时候都是情绪异常激动的，而且对每一个讲道理的人都会产生敌意。如果没有受到进一步的激怒，所有服务人员都认真地倾听其愤怒的诉说，其怨气会慢慢得到缓解，因为他本人也会因发脾气而感到尴尬。

（2）心灵的安慰。服务人员可以讲一些肯定性、支持性的话语。比如可以说“您承受了如此巨大的压力，这种事情的发生对您来说肯定不太好受”，或者说“我明白这对您来说是一件令人不愉快的事情”。同时服务人员可以配合一些身体语言，比如一个关切的眼神、一个轻轻的点头等，这也可以让对方认为你理解了他的感受。

（3）问题的解决。游客在得到了你的支持性话语以后，会慢慢地平息，并积极主动地帮助你找出让他愤怒的原因。

二、提供补偿性服务

在对投诉事件提出解决方案的时候，如果是游客在营销部购买的有形商品出现问题的投诉，可以采取保修、调换、退款等方式来解决。对于在景区内享受服务这种无形产品来说，会面临更为复杂的局面，需要有更巧妙、更艺术的补偿性服务来弥补游客所受到的损失。这种具体行动目的是让游客知道你认为所犯的错误，不管是什么错误都是不能原谅的，也要让游客知道这种事情不会再发生，补偿性服务只是对游客的一种弥补，作为景区来讲很在意与他们继续保持联系，补偿性服务有以下几种常见的形式。

（1）打折优惠，如游客可能会对所住的接待酒店的服务有所不满，则可以在住宿价格上打折。

（2）免费赠送，赠送的可以包括礼物、商品或服务，如果景区的员工与游客发生争吵，则可以给游客赠票或者赠送景区纪念品。

（3）个人交往，当给游客造成不便时，景区的主管可以打电话给他表示歉意，当感受到景区对他的重视和诚挚的关心，这种私人交往会重建景区的形象和声誉。

三、回答过分要求

在与游客的接触过程中，难免会碰到一些故意刁难服务人员的游客，他们可能会提出一些过分的要求，此时工作人员应该沉着、大方地应对，如可以采用幽默的方式避开话题或回绝游客，或者说“我觉得这样的问题不像是您这样有品位的人所提出来的”。如果游客还是一再要求，那就可以义正词严地回绝。

四、应对顽固游客

在处理投诉服务的时候，总会碰到一些自以为是、比较顽固的游客，他们总觉得是别人的错，自己没有任何错，一口气不停地说个没完，总是以“他们总是……”“他们应该……”来投诉别人，这样的游客是有的，但是不多，如果碰到这样的人可以尝试以下办法。

（1）认真倾听他们的诉说，并从他们的话中找到原因所在。

（2）确定事实。

（3）向对方解释缘由，必要时应做充分的道歉。

（4）如果对方仍不听你的意见，你可以告诉他“10 分钟以后，有位客人要过来，我希望在此之前我们能解决问题”。这样做可以督促他迅速地解决问题，避免纠缠。

你作为一名景区投诉处理中心的工作人员，当你面对愤怒的游客时你应该怎么做？请设计一个场景，并演示。

活动内容与要求：

(1) 将全班同学按6人一组分组讨论。

(2) 注重分析的准确性与真实性，形成基本合理的可行方案。

(3) 分析时间为30分钟，要求各小组分工合作，确定小组中的记录员、汇报员。

任务3 游客投诉管理

近几年来，我国旅游业继续保持良好的发展势头，各项经济指标实现全面增长，旅游业正成为很多地区的支柱产业。但是旅游企业遭到的投诉日渐增多，投诉的问题也越来越集中。服务人员因为旅游者对自己有看法就影响旅游计划的实施，消极地对待旅游者，甚至有意冷落旅游者，对投诉者进行谩骂，这些都是服务人员素质不高所造成的。另外，许多景区工作人员对游客正当的投诉请求存在"拖"、"躲"的心态。

分析：景区应如何管理游客投诉问题？

一、游客投诉类型

游客投诉是指游客为了维护自身合法权益，以口头或书面的形式，向景区有关部门提出投诉、要求处理的其认为景区有损害其合法权益的行为。景区游客投诉的类型主要有以下几种。

1. 显性投诉

显性投诉就是我们一般所理解的投诉。从景区实际操作的角度来看，游客显性投诉主要集中在以下几方面：第一，对设施设备的投诉。投诉内容主要包括游乐设备运行的故障，景区内供电、供水、通讯系统问题，室内空调问题等。景区管理人员可以通过建立相应的检查体系，定期对景区的设施设备进行检查，从而减少此类投诉的发生。第二，对服务质量的投诉。譬如，游乐项目服务人员速度过慢、寄存物品丢失、工作人员错误地将表演时间告知游客等。减少服务质量投诉的最好办法是加强员工培训，通过定期培训逐步提高员工的服务技能。第三，对服务态度的投诉。此类投诉主要包括景区服务人员在给游客服务的过程中出现不文明言语、不负责任的答复和行为、冷淡的态度、爱理不理的接待方式、过分的热情等。第四,对意外事件的投诉。此类投诉主要有:由于员工未能及时提醒,导致游客在游玩过程中受伤;景区内的在建工程由于管理不善给游客带来伤害;温泉池发生游客溺水事件等。此类事件直接关系到游客的生命安全,对景区的声誉影响非常大,因此要交由景区主管部门与游客协商处理,并最终确定解决方法。

2. **隐性投诉**

隐性投诉一般不被划进投诉范围,但它对景区的经营影响很大。隐性投诉是指游客对景区提供的服务感到不满意,但他们不选择向相关部门提出投诉,而是在游玩结束之后不再重回景区进行消费,这意味着景区将永远失去这些游客。由于隐性投诉的游客数量远比显性投诉的游客数量多,其对景区服务质量的评价和意见更为宝贵。因此,景区管理者更应重视这部分游客的反馈。为了解决游客的隐性投诉问题,景区可以通过拓宽与游客的沟通渠道、与之建立良好的互动关系,来促进游客隐性投诉的显性化。

二、游客投诉处理的原则

1. **游客至上**

对于游客的投诉,首先,员工应该予以高度重视,承认游客投诉的事实,设身处地为游客着想;其次,同情和理解游客的处境,尽力找出游客投诉的动机,真诚地为游客解决问题;最后,对那些对景区服务水平提出批评指导意见的游客表示感谢。

2. **及时高效**

及时且高效地处理投诉问题是对游客的最大尊重,也是游客的最大需求,否则就是对客人的漠视。当景区通过与游客协商,游客同意景区所采取的改进措施时,景区要即刻行动,补偿游客的损失。

3. **景区利益为重**

景区相关人员在处理游客投诉时,应该在保护游客利益的基础上,使景区的利益尽量不受到损害。景区利益为重的原则要求员工在处理投诉时,要实事求是地找出问题的根源,具体部门应勇于承担责任,而不是轻易地将责任推卸给其他部门,以致影响景区的整体形象。同时,由于投诉的特殊价值,景区应建立游客投诉处理档案,并对以往的投诉记录进行总结分析,为提高景区的管理水平提供依据。

三、投诉处理的管理机制

景区需先通过制定管理制度来明确各部门的工作任务,落实各岗位的职责安排,才能使投诉处理系统切实可行地运作起来。根据投诉处理管理系统的有关规定,以及景区管理业务的需要,景区授权值班经理在值班时间内负责处理当日投诉,直接向景区值班总经理和总经理负责。此外,游客服务中心要设专职人员负责日常投诉跟踪、服务事宜。具体安排如下。

1. **游客服务中心职责**

一是负责投诉记录、核实及日常处理工作;二是协调沟通,处理一般投诉;三是负责投诉档案管理与服务跟踪。

2. 值班经理工作职责

一是对外代表景区整体形象；二是接受当日游客投诉；三是调查核实投诉；四是弄清投诉的责任归属，提交投诉处理意见；五是合理、妥善处理投诉和赔付；六是将投诉处理过程记入“当日经理值班记录本”，并提出改进意见；七是备案管理，以备查考。

3. 财务部保险理赔工作职责

一是代表景区向保险景区申请赔偿；二是解决游客索偿保险理赔问题，超出保险理赔限度的问题须报相关领导批示。

4. 值班总经理工作职责

一是确定投诉责任归属及处理原则；二是确定投诉处理案件的意见；三是确定工作改进意见。

四、游客投诉管理

1. 强化服务质量管理

首先，要加强员工教育，强化服务意识。无论是管理人员，还是一线工作人员，都要在思想上树立正确的人生观、价值观、金钱观，树立“游客第一，质量为先”的思想。其次，要拓宽渠道，强化监控。旅游服务质量的监督检查是调查、掌握旅游信息的重要途径，是评价工作人员服务质量优劣的重要依据，同时也是促进服务质量提高的重要手段。

2. 处理投诉要态度端正

(1) 慎重对待游客的投诉。由于游客维权意识的提高、出游人数的增多以及旅游设施供应紧张等多种原因，近年来针对景区景点的旅游投诉量有不断攀升的势头，小到景区厕所卫生条件，大到景区购物欺客宰客、降低等级标准等，出现了投诉对象多样化、维权意识超前化等特点。因此，景区在接到游客投诉后，应当详细了解游客投诉的事项、造成投诉的原因、游客的要求等，及时对游客进行安抚，使游客看到景区对自己的重视。有些游客在投诉时可能存在夸大事实、索赔过高的现象，但那也是想最大限度地维护自身合法权益，旅游企业只要就旅游过程中出现的问题作出合情、合理、合法的解释，大部分游客都能理解并接受。

(2) 主动与投诉者沟通。在接到游客投诉后，要主动与投诉者沟通，耐心地倾听投诉者的陈述。一般来说，当旅游者进行投诉时，其情绪都可能比较激动，言语有时会过激，甚至会提出一些不合理的要求。在这种情况下，旅游接待投诉人员不要立即辩解或马上否定游客的投诉及要求，更不能与投诉者发生争吵。在核实旅游者的合法权益确实受到侵犯后，旅游接待人员要根据“游客至上”的服务宗旨，及时处理，认真弥补。

3. 建立旅游投诉举报维权平台

国家的司法部门承担着执行法律的最终责任，在旅游市场及服务的监督上也不例外，但旅游管理部门监管的责任更重大、更具体，除了日常的监督管理外，更重要的是建立一个良好的旅游消费市场氛围。因此，要在政府层面建立起一个公开、公正、透明的旅游维权平台，以保障旅游者的合法权益不受侵害。

4. **加强法律知识学习**

(1) 普及旅游法律知识。旅游景区中，管理人员、监督人员、普通工作人员、导游都要加强法律知识的学习，把业务知识和法律知识融合起来，避免因法律上违规而引起投诉，做到人人都懂基本的旅游法律知识，使景区内的每位工作人员都成为解决投诉的能手。

(2) 依法行事。从法律的角度而言，提高旅游服务质量，合同就是最起码的基准。合同是决定服务内容的法律依据，是判断服务纠纷的基础，所以要提高服务质量，就必须提高合同的制定水平。旅游企业使用好合同的范本，可以避免很多不必要的纠纷与投诉。

5. **优化人力资源，提高服务人员素质**

(1) 优化人力资源。有效的人力资源管理是管理成功的关键。景区对人力资源管理应给予真正的重视，应以景区发展目标为方向，构建组织精简、人员配置合理、管理科学的人力资源管理体制，坚持以人为本、任人唯贤、唯才是用，创造良好的工作条件和生活环境，运用薪资、福利、职位、企业文化等手段吸引人才。要健全企业内部培训制度，加强企业文化建设。内部培训在人力资源开发中十分重要，应制定科学的培训规划，而企业的文化建设则对员工具有导向、凝聚和激励的作用。

(2) 加强服务人员素质培养。服务人员要具备亲和力，微笑能使游客感到亲切，能激发游客的主观能动性和积极性，提高游客的满意度。服务人员要处理好情绪问题，在服务过程中要随时随地进行有效的自我情绪管理，在发现消极的情绪时，要及时中止消极情绪带来的负面影响，善于把消极情绪转化为积极情绪。

课后调研当地一家 AAAA 级景区和一家小型景区，比较两家景区在游客投诉管理方面的具体做法，并写出调研报告，课上采用 PPT 形式进行汇报讨论。

模块三　景区突发事故处理

学习目标

最终目标：

能处理景区各类突发事故。

促成目标：

1. 能处理景区治安类事故。
2. 能处理景区游乐设施类事故。
3. 能处理景区疾病类事故。
4. 能进行景区安全管理。

学习任务

1. 处理景区治安类事故。
2. 处理景区游乐设施类事故。
3. 处理景区疾病类事故。
4. 进行景区安全管理。

任务1 景区治安类事故处理

宜宾旅游频道竹海获悉：近日，北京一名教授在游览蜀南竹海景区后到“友利园”农家乐用午餐，餐后离开景区到达宜宾机场方才发觉自己的外套遗失在了农家乐内，而外套内附有大量现金及其本人此次出行所需的机票、护照等物件。该游客在心急火燎之际，拨通了竹海管理局的求助电话。竹海管理局得悉后，安排游人中心工作人员廖松迅速前往“友利园”核实，在获知该游客外套及物品已被“友利园”经营业主韦××妥善代为保管的情况后，廖松马上对物品进行了清点和确认，并将消息向游客作了通报，以缓解游客的担忧。

事情并未就此了结，因该名游客乘机时间是当天下午15:00，而此时已在13:15左右，要将游客遗失物品及时送到游客手中，时间已迫在眉睫。廖松当即驾车马不停蹄地带着失物从景区赶往宜宾机场，并于14:45分，抢在游客所乘飞机即将起飞之前，将失物顺利地送到了该名游客手中。游客面对失而复得的物品，心情既紧张又激动，紧紧地抓住廖松的手说：“感谢蜀南竹海，感谢竹海管理局，蜀南竹海是名副其实的文明景区、和谐景区，我回去后一定要将竹海的美名、美誉传送给更多的游客。”

思考：游客在景区丢失物品后，景区服务人员应如何处理？

一、景区治安类事故

所谓治安事故，是指在旅游活动过程中，旅游者遭歹徒行凶、诈骗、偷窃、抢劫、欺侮等，致使旅游者身心健康以及财产安全受到不同程度的损害。

二、处理治安事故的一般方法

(1) 保护旅游者人身和财产安全。作为在场的导游员应挺身而出，保护旅游者的安全。迅速将旅游者转移到安全地点，并配合公安人员和在场群众缉拿罪犯，挽回旅游者的损失。

(2) 组织抢救。如有旅游者受伤，应立即组织抢救。

(3) 保护事故现场，立即报案。如遇到盗窃、行凶事故，则应保护好事故现场，以利公安人员破案。立即向当地公安部门报告案件发生的时间、地点、经过，作案人的特征，受害者的姓名、性别、年龄、国籍、伤势，损失物品的名称、件数、大小、型号、特征等，协助公安人员破案。

(4) 安抚旅游者的情绪。一旦事故发生，旅游者往往会有恐慌不安的情绪，导游员应努力安抚旅游者，使旅游活动顺利进行。

(5) 做好善后工作。根据事故性质，准备好必要的证明文件、材料，处理好理赔、伤残、死亡等善后事宜。

三、各类治安事故处理的具体方法

1. 物品丢失处理

(1) 景区发生旅游者物品丢失事件,有关负责人应向失主了解丢失了何种物品、物品特征和丢失地点等基本情况,并安抚当事人,稳定其情绪。

(2) 立即通知景区保安大队,组织人员寻找。

(3) 若物品寻找回来,保安员核对无误后,交还失主,同时要求失主留写收条;若物品无法寻找回来,保安员应记录失主的基本个人信息进行备案。

2. 盗窃事故处理

(1) 景区保安部接到报案后,应迅速派人赶赴现场;采取有效措施保护现场,等候勘查;向事主了解案发经过,询问相关事宜;经过询问,保安人员要对案发前后有个初步认识,判明案件的真伪。

(2) 向警方报案,划定勘查范围,确定勘查顺序。现场勘查的重点是:现场进出口,这是犯罪分子的必经之地;被盗财物场所,这是犯罪分子活动的中心部位,往往会留下作案痕迹;现场周围,这是为了发现犯罪分子作案前后停留、藏身场所有无痕迹、遗留物等。

(3) 分析判断案情,确定嫌疑人。

3. 打架斗殴处理

(1) 景区发生打架斗殴事件,离现场最近的工作人员应将双方隔离开来,防止事态进一步恶化。

(2) 通知保安员,稳定双方情绪。保安员带双方当事人到保卫科,了解清楚当事人的姓名、年龄、单位和起因后,做好调解工作。

(3) 如双方不服调解,保卫科应通知派出所前来处理。

(4) 如打架斗殴中有人受伤,保卫科应将伤者送医疗室治疗。

(5) 保卫科做好事故处理记录。

情景一:在(湖北)恩施大峡谷景区,为了争着坐车下山,排队的游客和插队的游客之间发生冲突,分别来自不同地区的两个游客团,打起了群架。

情景二:2010 年 8 月 17 日凌晨,一旅行团在画眉谷景区一农家宾馆住宿时发现随行物品被盗,其他旅客也纷纷检查物品,竟然有多名旅客物品丢失,总价值约 1 万元左右。

情景三:在浙江西栅景区,有一游客向景区游客服务中心求助,声称自己的一部相机忘在刚刚坐的游船上了,希望帮助寻找。

活动内容与要求:

(1) 将全班同学按 6 人一组分组讨论,拿出三个情景案例的解决方案,要求 PPT 汇报解决方案。

(2) 各小组模拟表演各情景案例,要求小组分工合作,表演合情合理。

任务2 景区游乐项目类事故处理

某旅行社组团旅游，游客张某欲参加景区新推出的蹦极游乐项目。景区工作人员指着旁边的一块牌子告诉他说："你看清后再做决定。"牌子上写着"蹦极高度危险，参加者慎行，如出现危险后果自负。"因旅程中没有安排此项目，导游也劝张某不要玩蹦极，但张某执意参加。结果，由于设备原因，张某被摔成偏瘫。事后，张某找到旅行社和景区索赔，旅行社经理认为导游已经尽到了警示义务，所以不应对此进行赔付。景区则认为张某在蹦极之前，景区工作人员已告知其警示牌上的内容，因此景区也不应承担责任。

【案例分析】本案例中，导游没有擅自增加旅游项目，而且知道蹦极有一定的危险，曾劝告张某不要参加，履行了导游应尽的义务，符合《导游人员管理条例》的规定。所以，旅行社对张某摔伤事故不必承担责任。

《消费者权益保护法》第二十四条规定："经营者不得以格式合同、通知声明、店堂告示等方式作出对消费者不公平、不合理的规定，或者减轻、免除其损害消费者合法权益应当承担的民事责任。"本案例中，景区虽然以声明方式明确告诉游客参加蹦极项目危险，但是这个声明方式，明显增加了消费者的责任，因此，景区的这个声明因违法而无效，所以景区应当承担张某的人身损害。

经验与启示：

(1) 景区经营部门(或经营业者)应定期对设备，特别是惊险刺激的游乐设备进行必要保养和检修，或请有资质的权威部门(或鉴定机构)进行安全检测与鉴定，保障设备的良好运行。

(2) 定期开展对设备操作人员的安全技术培训，保证从业人员的上岗安全操作资格和对安全操作技能的掌握。

(3) 规范设备安全警示、安全引导用语的使用，告知游客应正确使用设备，并明确双方当事人的责任，尤其是经营者的责任，不可将责任强加给游客。

(4) 加强对游客的安全教育和宣传，对进行惊险刺激游乐项目的游客作出条件限制。一是要求游客有较好的身体素质和心理素质：凡是有心、脑血管病史的人不能参加；凡是深度近视者要慎重(因为硬式蹦极跳下时头朝下，人身体以9.8米/秒^{2}的重力加速度下坠，很容易脑部充血而造成视网膜脱落)。二是要求游客跳下前应充分活动身体各部位，以防止扭伤或拉伤。三是要求游客跳出后要注意控制身体，不要让脖子或胳膊被弹索卷到，否则无法施展身体，变得难受。

(5) 与保险景区合作，在门票票价中应附含高额人身意外伤害保险金。

(6) 旅行社组团时应与保险景区合作，鼓励、协助旅游者投保旅游人身意外伤害保险。

一、景区常见游乐设施类事故

设施设备安全事故是指因空中、陆地、水面游览交通，娱乐、服务设施设备问题而发生的安全事故。造成事故的原因主要有图 4－1 所示的几种方法：景区设施规划、容量预测不合理，部分设施年久失修、不符合规定要求，超过设施设备的承载力等。常见的旅游设施设备安全事故有游乐设施设备安全事故、区内交通事故、漂流事故、护栏断裂事故等。旅游景区在经营管理中应突出设施、设备的安全管理，始终贯彻"安全第一，预防为主"的方针，具体而言就是旅游景区经营部门(或经营业者)从企业可持续发展的角度，本着对游客生命财产高度负责的态度，重视设施、设备运转中的安全保障条件，采取预防、监控、救援、保险等有效措施，建立长效机制，强化安全职能，构建安全综合管理平台。

二、景区设施事故预防

1. 建立设施、设备安全管理组织体系，预防事故的发生

旅游景区在安全管理部门内部要设立设施、设备管理办公室，下设计划组、维护组、巡检组等分支岗位。人员数量根据景区容量大小和任务量轻重而定。

(1) 计划组：制定有关设施、设备安全管理的规章制度、防损标准与技术维护规范；制定年度设施、设备维护、巡查、预警计划和相关保障措施；组织培训、鉴定员工安全知识与业务操作技能；参与制定上级部门的安全政策与举措。

(2) 巡视组：定期开展设施、设备安全管理的巡查活动；对违反设施、设备安全管理的人员进行督促整改；开展安全保障相关人员的大演练；编发并上报设施、设备安全管理的工作简报；做好完整的记录并存档。

(3) 维护组：定期开展对设施、设备进行技术性安全验收与安全检验；对发生事故或故障的设施、设备进行救助和维修；对易发生事故或故障的设施、设备进行保养与护理；做好完整的记录并存档。

2. 建立健全设施、设备"安全标志系统"，预防事故的发生

在设施、设备易发生危险的区域按照国家规范设置安全标志和警示语，用以提醒游客注意安全。安全标志和警示语用于表达特定安全信息，由图形符号、色彩、边框和文字组成，包括：禁止、警告、指令、指示等信息。禁止标志和警示语有：禁止吸烟、禁止烟火、禁止启动、禁止触摸、禁止跨越、禁止攀爬、禁止靠近、禁止堆放杂物等等，基本图形为带斜杠的圆边框。警告标志和警示语有：注意脚下、注意地面湿滑、注意超载、当心塌方、当心车辆，基本图形为正三角形边框，边框内有不同内涵的象形图形。指令标志和警示语为用于强制人们必须做出某种动作或采用防范措施的图形标志和语言，包括：必须戴安全帽、穿救生衣、请走左边/右边等，其基本图形为圆边框。提示标志和警示语有向人们提供某种信息(如表明安全场所的位置)的图形标志和语言，包括：前方某米——紧急出口处、右边某米——避险区等等，其基本图形为正方形边框。

设置标志时要按照国家规定进行，不但有利于推广，而且方便游客使用。标志要置于明亮

的环境中,不可有障碍物影响视线,不可放在移动的物体上,标志要坚固耐用,警示语言要清晰明了,外观设计要美观,与周围环境相协调。另外,放置标志高度应与视线齐平,最大观察距离的夹角不超过75度,为保证效果,标志应定期全面检查,对破损、残缺的应及时进行更换处理。

3. 为景区游客进行投保

投保体现在门票中,即门票中包含了游客人身意外伤害保险;体现在设施设备中,即建设或购买设施、设备过程中,为设施、设备安全运行进行投保,一旦出现险情,即可获得合理赔偿;要求旅行社为组织游览景区的游客投保,即组团旅行社为旅游者向保险景区支付保险费用,其包含在团款中,从而使游客在发生意外伤害等事故情形后获得相关责任赔偿。

4. 与相关部门开展紧密协作

一旦发生重特大安全事故,应第一时间上报有关部门,并积极配合有关方面成立事故调查组,参与事故调查和善后处理。这些部门包括:景区主管部门、质量技术监督部门、安全生产监督部门、食品卫生监督部门、交通运输管理部门、国土部门、环保部门、公安部门、旅游部门、保险部门、医疗机构等。

三、景区设施设备类事故处理方法

1. 及时报告

如果是由机械故障原因造成,导游员应立即稳定游客情绪,并向景区安全管理部门报告,了解故障的原因及景区所采用的故障排除措施,并将了解的情况向游客通报。如果发生坠落,造成严重的伤亡事故,导游员只要自己还能动,就应立即与景区安全管理部门联系,报告自己所在的具体位置及伤亡情况,以便管理部门及时采取抢救措施,使事故的损失减少到最低程度。

2. 安抚游客

安全事故一旦发生,游客肯定极度恐惧。这时,导游员不仅自己要镇定自若,还要积极地安抚游客,冷静地面对现实,配合营救人员的施救。

3. 做好救护工作

事故发生后,一般都会给游客造成不同程度的伤害。导游员要紧密配合景区派出的救护人员,做好受伤游客的救护工作。在救护中,应按照就近的原则和先危急、后重伤、再一般伤者的次序,尽快把伤者送到医院进行抢救。

4. 做好善后工作

事故发生后,导游员要协助景区管理部门进一步安排好伤者的治疗;按照政策法规,客观公正地处理受害游客的赔付及其他相关工作,如伤亡者的家属接待,死亡者的追悼会、遗体火化等。

四、景区设施设备类事故的善后处理方法

景区安全事故一旦发生,应在全面了解事态的基础上,针对不同的对象确定适宜的对策,尽量控制事故影响扩大化。具体来说,主要是做好受害者、媒体、业务往来单位、旅游者及上级主管部门五方面的工作。

1. 针对受害者

(1) 了解情况,承担责任。认真了解事故发生的前因后果及受害者的相关情况,向受

害者表达歉意并通知有关各方，实事求是地承担相应的责任。

（2）把握分寸，表现风格。倾听受害者的意见和赔偿要求，如合情合理，应尽快提出补偿方案和补偿标准，并具体落实；如要求过分，要大度、忍让，不在事故现场发生争辩，选择合适场合与其讲明事理；拒绝时要注意方式方法。

2. **针对媒体**

（1）统一新闻发布。在向媒体公布与事故相关的消息时，要争取主动，事先在景区内部统一认识、统一口径；语言表达要言简意赅，不可模棱两可，以免引起媒体的误解。

（2）提供准确信息。一方面主动向媒体提供与事故相关的准确消息，公开表明景区的立场和态度，以减少媒体的推测，协助其作出正确的报道；另一方面在事实未完全明了之前，不要对事故发生的原因、损失等进行推测性报道。

（3）引导舆论导向。注意引导媒体以公正的立场和观点来进行报道，不断提供公众所关心的消息，如补偿方式和善后措施等。除新闻报道外，可在刊登相关消息的报纸上发表歉意广告，向公众说明事实真相并向相关公众表示道歉。

（4）采取补救措施。当记者发表了不符合事实真相的报道时，应尽快向该媒体提出更正要求，指明失实之处，并提供与事实相符的信息；派遣发言人接受采访，表明立场，要求公平处理，但应注意避免对抗，产生敌对情绪。

3. **针对业务往来单位**

景区的业务往来单位包括旅行社、开户银行及其他合作单位等。当事故发生时，应采取如下对策保持与业务往来单位的持续合作。

（1）传递信息。尽快如实地向业务往来单位传递事故发生的相关信息，如有必要，应亲赴有关合作单位作当面解释。

（2）通报对策。以书面的形式向有关单位通报正在采取的对策；措施处理过程中，定期向业务往来单位传达处理经过。

4. **针对旅游者**

对于旅游者，在向其道歉、说明事故经过的同时，要着重说明事故的处理办法和今后的预防措施。

5. **针对上级主管部门**

（1）及时汇报。事故发生后，及时向上级主管部门汇报，不能文过饰非，更不能歪曲事实真相、混淆是非，要向其详细介绍事故的发生原因和处理过程。

（2）定期汇报。事故处理中，应定期报告事态的进展，及时与主管部门取得联系，求得主管部门的指导与支持。

（3）认真总结。事故处理后，详细总结，以书面形式向上级报告处理经过、解决方法及今后的预防措施。

情景一：某旅游开发景区在小三峡处开辟了一个漂流景区，该景区在对外宣传和旅

游接待中一再声称，尽管该景区安全救护设施尚处在完善过程中，但项目自投入运营以来从未发生过任何事故，使游客认为该项目安全系数很大，安全较有保证。不料，某日，有位游客在漂流中落入了急流，并且撞到水中岩石造成死亡。

情景二：一对风华正茂的年轻夫妇，为了庆贺新婚，来到北京郊外野山坡风景区游玩，该景区以原始、粗犷、神秘吸引了众多户外运动爱好者。在景区内的百里峡区域附近，这对年轻夫妇走上了高高耸立在半山腰的陡峭“天桥”。该“天桥”是天然形成的石桥，连接两边的山谷，距离地面有 20 米左右高，并且杂草丛生，游客通过时只能深一脚、浅一脚的，小心翼翼。这对夫妇中妻子由于没看清路面，一脚踩空，掉到了山谷下，丈夫赶紧呼喊救人，将血肉模糊的妻子送往医院急救；经抢救和治疗，妻子还是落下了终身残疾，下半身瘫痪。年轻夫妇随后状告景区管理部门，景区管理部门则认为自己已在上山入口处设立了警示标志，提醒游客谨慎攀登，是受伤者自己不顾警示，盲目行动，导致悲剧的发生，应由伤者自己承担责任，而受伤夫妇表示警示标志设立在大门口而不是在发生事故的地段，而且景区管理混乱，没有专门的管理队伍，而是由当地农民自发地临时组织起来的。

情景三：一个春天，某自然风景区多日来一直阴雨连绵，游客稀稀拉拉。上午 10:20，景区终于盼来了一个 20 人的旅游团队，他们没有通过旅行社，是自由结伴而来的。一进入景区，这群游客就很快来到景区导游服务中心，请求派一名有水平的导游进行游览讲解。景区导游服务中心根据游客的要求，委派了一名有经验的陈导担任该团的景区导游。陈导接到任务后，很快就根据游客游览的时间和游览的目的，与团队商定了游览的具体线路。陈导在景区当了十多年的导游，从来没有发生过什么意外，然而，这天出乎他意外的事终于发生了：他与团队成员乘坐的缆车突然在索道的中间段停了下来，游客被吊在空中，不知发生了什么，也不知道有什么结果，看到高度达 300 多米的落差，人人都恐慌得不得了，其中有两对夫妻抱头大哭起来，缆车内一片悲怆。

活动内容与要求：

(1) 将全班同学按 6 人一组分组讨论，拿出三个情景案例的解决方案，要求 PPT 汇报解决方案。

(2) 各小组模拟表演各情景案例，要求小组分工合作，表演合情合理。

任务 3　景区疾病类事故处理

在一个海滨旅游景区的海岸边，景区导游小王正在激情飞扬地介绍某社会名流在此游泳的故事，突然，海滨浴场的一位工作人员急匆匆地跑来对小王说，有位游客因溺水被他们救上来了，溺水者可能是你们团队的游客。小王随游客赶到现场一看，果然是自己团队的游客。

请问：面对此情此景，你认为小王应怎样做？如果不是自己团队的游客，又该如何做？

【案例分析】溺水是海滨、江河湖泊旅游景区的常发事故，应引起导游人员的高度重视。景区导游人员要提醒游客不要在标示禁止戏水的水域游泳，不要在有暗流的水域戏水，在有安全保障的水域游泳也要提醒游客尤其是不谙水性的游客注意安全。溺水者溺水后，一般都会出现呼吸困难，嘴唇和指甲呈蓝色，嘴唇和口鼻四周有泡沫，同时，还可能出现昏迷和呼吸停止。

溺水事故发生后，处理方法非常重要，具体如下：

(1) 溺水者被救上岸后，应马上进行人工呼吸，切勿强使溺水者吐水，同时，呼叫 120 前来抢救；

(2) 在进行人工呼吸的同时，观察其胸腹和脉搏活动情况，如听其呼气声，感受其气息等；

(3) 如果脉搏未停，可继续进行人工呼吸；

(4) 如果呼吸和脉搏均停止，可施以心肺复苏法；

(5) 如果溺水者吐水，可将其身体放置成半俯伏姿势，以防窒息。

一、景区常见疾病类事故

常见疾病类事故是指由于旅游者在旅游过程中不慎摔伤、被昆虫或毒蛇咬伤等，导致旅游者身心的伤害。在旅游活动中一旦发生此类事故，作为导游员首先应设法为伤者作急救处理，然后根据伤情确定是否送医院抢救。

二、急救现场处理

急救现场处理也叫入院前急救，是指一些遭遇意外伤害或生急、重病的病人在未到医院前得到的及时有效的急救处理，目的是挽救生命，减少伤残和痛苦，为进一步治疗奠定基础。急救现场处理要注意以下几点。

(1) 稳定有序的指挥。一旦发生病、伤情况，现场工作人员一面通知医务人员前来现场，一面对病、伤人员进行必要处理。

(2) 迅速排除致命和致伤因素。如搬开压在身上的重物，切断电源，清除口鼻内的泥沙、呕吐物、血块或其他异物等。

(3) 检查病、伤员的生命体征。检查病、伤员的呼吸、心跳脉搏情况。如有呼吸、心跳停止现象出现，应立即进行心脏按摩和人工呼吸。

(4) 止血。有创伤出血者，应迅速包扎止血，止血时可就地取材，如可采用加压包扎、上止血带或用指压止血，同时尽快送往医院。

(5) 正确的运送。按不同的伤情和病情，选择适当的工具进行运送。运送途中应随时注意病、伤员的情况。

三、各类疾病类事故急救技巧

1. 摔伤事故的处理

(1) 初步处理。

止血。发生旅游者摔伤时，导游员首先应观察伤情，若有出血现象，则应及时止血。止血的方法常用的有图 4－1 所示的几种方法：手压法，即用手指、手掌、拳在伤口靠近心脏的一侧压迫血管止血；加压包扎法，即在创伤处放厚敷料或干洁的纱布、手帕等，用绷带加压包扎；止血带止血法。即用有弹性的止血带绑在伤口近心脏的大血管上止血；屈肢止血法，前臂、小腿出血时，可在肘、膝关节处放纱布垫然后弯曲肘、膝关节。

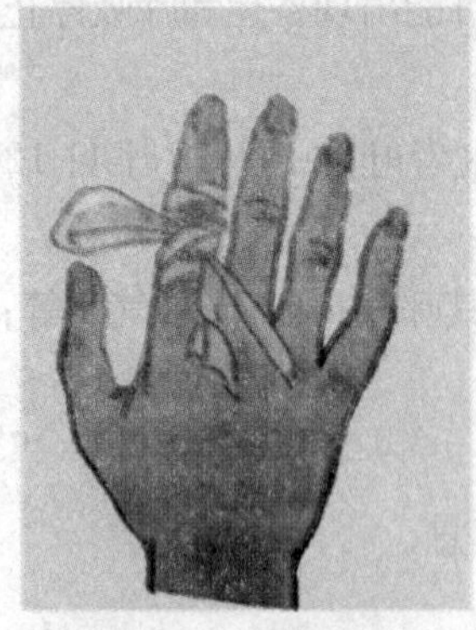

绷带加压法：适用于较小的出血伤口，用消毒纱布盖好伤口，用绷带加压包扎。

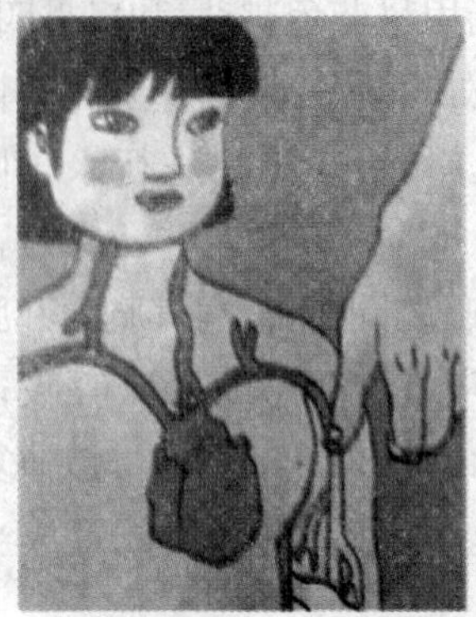

指压止血法：用手指把出血管的近心脏一端用力压在骨头上，以达到阻断血流的目的。

屈肢止血法：前臂和小腿出血时，可在肘窝处放一纱布垫，然后弯曲肘、膝关节，即可止血。

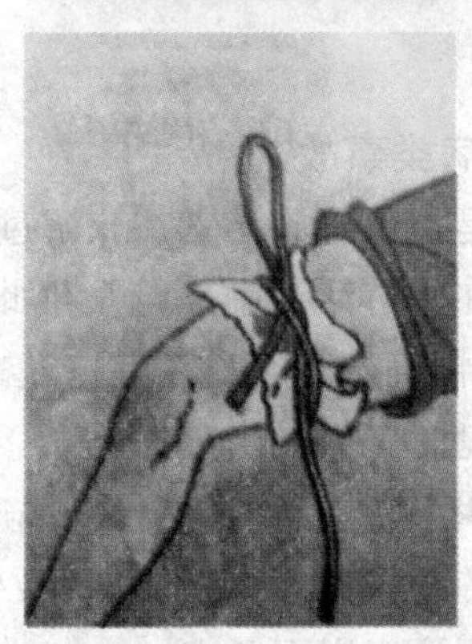

止血带止血法：止血带是一根柔软有弹性的橡皮管。扎止血带时，不能直接扎在皮肤上，要先垫上消毒纱布或巾，松紧要适当，以达到能止血的目的。并标记扎上止血带时间，每隔 30 分钟至 1 小时放松 2 至 3 分钟。

图 4-1　四种止血方法

包扎。包扎前要清洗伤口，包扎时要选用干洁包扎布，动作要轻。松紧要适当，绷带的结口不要在创伤处。常用的包扎方法有图 4-2 所示的三种方法：螺旋包扎；“8”字包扎和环行包扎。

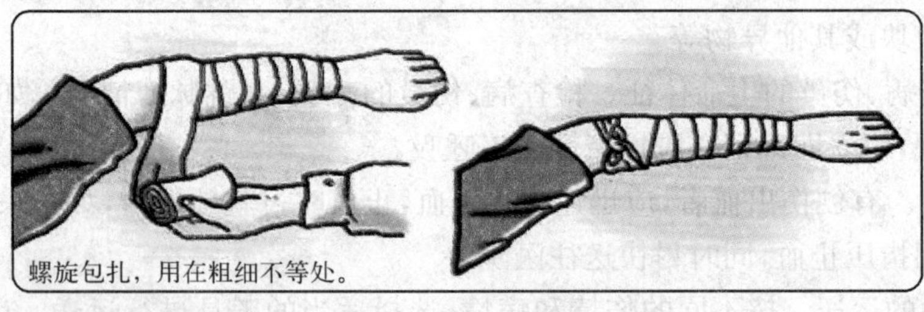

螺旋包扎，用在粗细不等处。

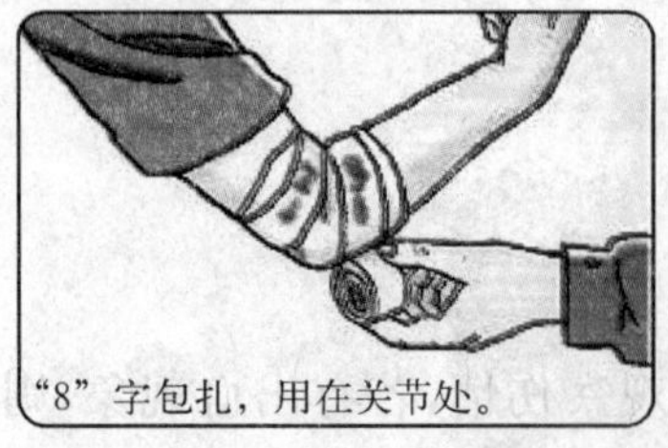

“8”字包扎，用在关节处。

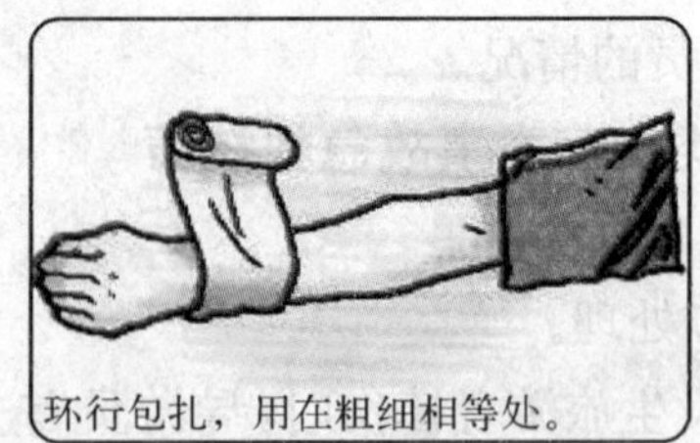

环行包扎，用在粗细相等处。

图 4-2　三种包扎方法

上夹板。若伤势较严重，伤者无法走动可能已造成骨折，则应就地取材为其上夹板，以固定两端关节，避免转动骨折肢体，增加复原难度，如图 4－3 所示。

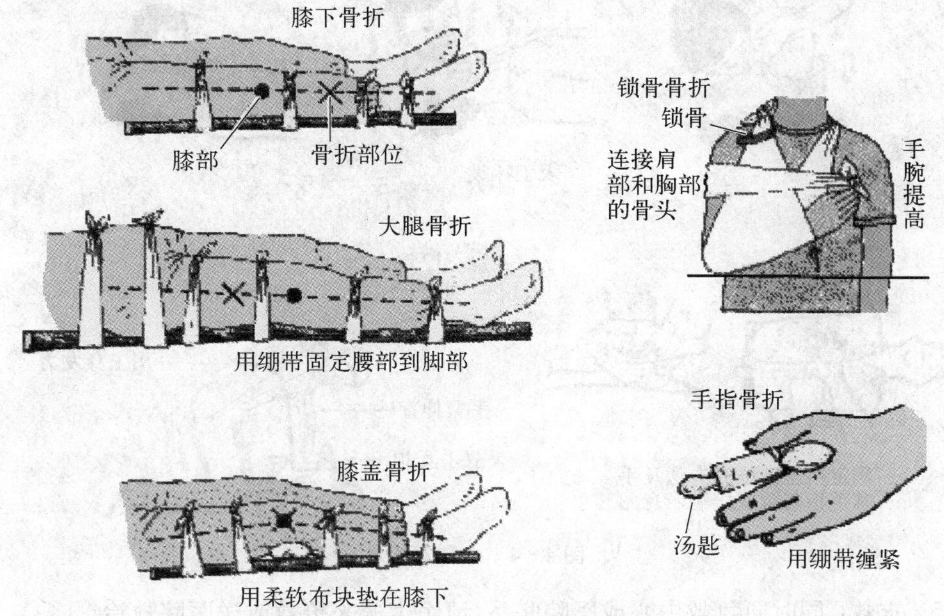

图 4－3　骨折部位的各种固定法

（2）送医院。

（3）善后工作。导游员应将事故情况报告景区管理部门，帮助其按有关规定向保险公司索赔。事后还须写出书面报告。

2. **被昆虫、毒蛇咬伤事故的处理**

（1）立即就地自救或互救，千万不要惊慌、奔跑，那样会加快毒液的吸收和扩散。

（2）立即用皮带、布带、手帕、绳索等物在距离伤口 3—5 厘米的地方缚扎，以减缓毒液的扩散速度。每隔 20 分钟需放松 2—3 分钟，以避免肢体缺血坏死。

（3）用清水冲洗伤口，用生理盐水或高锰酸钾液冲洗更好。此时，如果发现有毒牙、毒刺残留必须拔出。

（4）冲洗伤口后，用消过毒或清洁的刀片，连接两毒牙痕为中心做“十”字形切口，切口不宜太深，只要切至皮下能使毒液排出即可。

（5）可点燃火柴，烧灼伤口，破坏毒液。

3. **心绞痛或心肌梗死时的急救**

（1）立即就地卧位休息，停止活动，避免搬动。

（2）有条件时应立即吸氧。

（3）有急救经验者，条件许可时，可用硫酸吗啡 2—5 毫克缓慢静脉注射，每隔 15 分钟重复 1 次，直到疼痛缓解；或杜冷丁 50—100 毫克，肌肉注射。必要时在 4 小时后重复给药。

(4) 复苏：心脏停搏时应立即进行现场心肺复苏(图 4-4)。

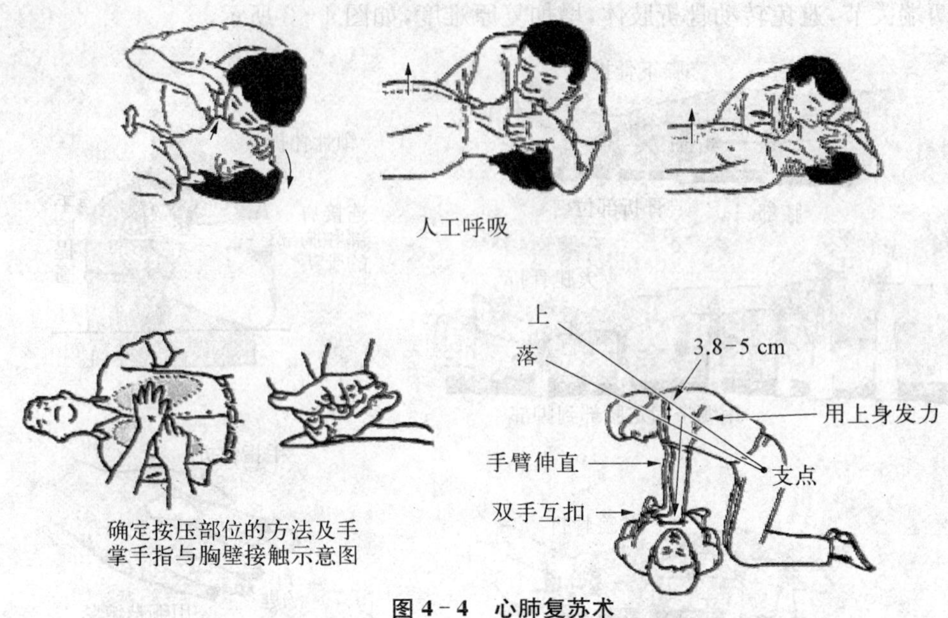

图 4-4　心肺复苏术

(5) 求救：同时向急救中心或医院联系，请医生速来抢救或送医院救治。

4. **中暑的处理**

(1) 迅速将中暑者转移到阴凉、通风的地方，解开衣扣，平躺休息(图 4-5)。

(2) 用冷毛巾敷头部，并擦全身降温。

(3) 喝一些淡盐水或清凉饮料，清醒者也可服用仁丹、绿豆汤等。

(4) 重度中暑者立即送医院急救。

图 4-5　中暑的处理

5. **溺水事故的处理**

(1) 救援者应游到溺水者后方，用左手从其左臂和上半身中间握对方的右手，或拖住溺水者的头，用仰泳方式将其拖到岸边。救援者应防溺水者抱住不放，影响急救。万一被抱住，急救者应松手下沉，先与溺水者脱离，然后再救；或向后推溺水者的脸，紧捏其鼻，使其松手，接着再救。

(2) 若有人溺水而救援者又不会游泳时，应立即呼救或打电话求救，并向溺水者投掷救生圈、木板等漂浮物。距离近者可就地取材，用绳索、树枝、竹竿、结成绳状的衣物等让溺水者抓紧并牵拉其上岸。牵拉时最好把自己固定在岸上的大树、建筑物等固定物上，以免被拉下水。

(3) 救溺水者上岸后，立即清除其口、鼻中的分泌物、污泥、杂草，保持呼吸道通畅。并迅速将患者的腹部置于抢救者屈膝的大腿上，头部向下。随即拍打其背部，倒出呼吸道和胃内的水(图 4－6 右)；或从后抱起溺水者的腰部，使其背向上，头向下，也能使水倒出来(图 4－6 左)，但时间不宜过长以免延误复苏。对呼吸和心跳停止的患者应立即进行心肺复苏(图 4－4)，复苏期间常会发生呕吐，注意防止呕吐物吸入气道，同时家属或旅游团领队陪同送往医院治疗。

肩背倒立倒水法

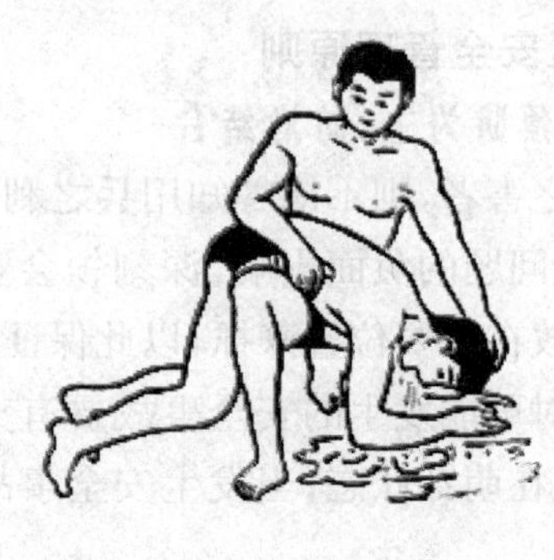

伏膝倒水法

图 4－6　对溺水者施行倒水法

情景一：一位天津来泰山游玩的游客突发心脏病，晕倒在半山腰生命垂危。

情景二：苏女士一行人开始进入景区，到中午 12 时左右，大家返程之时，苏女士有了明显的饥饿感，双脚开始发抖，她急于返回山下就餐。可就在距离出发地点还有 200 米直线距离的一段山路上，苏女士忽然滑倒，整个身体的重量全集中在左脚上，略有变形且已肿胀的左脚很可能已经发生骨折。

情景三：一位游客在景区游玩不慎被蛇咬伤，瘫坐在山路上。

活动内容与要求：

(1) 将全班同学按 6 人一组分组讨论，拿出三个情景案例的解决方案，要求 PPT 汇报解决方案。

(2) 各小组模拟表演各情景案例，要求小组分工合作，表演合情合理。

任务4 景区安全管理

一、旅游景区安全管理内容

景区安全管理是指景区为了确保游客、员工和景区的安全，消除安全问题发生的各种潜在因素，确保景区秩序井然，保持良好的运营状态而实施的一系列计划、组织、指挥、协调、控制等管理活动。景区安全管理是保障景区服务质量、提高顾客满意度、维护景区声誉、建设和谐景区的重要条件。景区安全管理的内容有：安全机构的设置；安全管理制度的制定；游览场所安全管理；交通安全管理；消防安全管理；特种设备安全和特种游乐活动安全管理；节假日安全管理；大型活动安全管理；安全设施设备管理；保密安全管理；安全事故处理等。

二、旅游景区安全管理原则

1. 安全第一，预防为主，防治结合

"不尽知用兵之害者，则不能尽知用兵之利也"(《孙子兵法·作战篇》)，景区从上到下要充分认识到安全问题的负面影响，深刻领会安全对于景区经营的重要性。在日常工作中，要将景区安全放在首要位置来抓，以此保证和促进景区接待工作的顺利开展。为防止安全事故的发生，对可能发生的安全事故要有充分预见，积极做好各种防范工作，尽可能地把事故隐患消灭在萌芽状态；当发生安全事故时，要迅速果断地采取行动，减少事故带来的损失。

2. 保证重点，兼顾一般，优化管理

根据工作任务的轻重缓急、任务量大小和阶段性工作重点，合理安排保卫人员，合理分配安全经费。对影响全局的工作环节和景区的薄弱环节，要花大力气确保万无一失。对于其他次要的环节，也要定期巡检。在客流高峰到来之前，要根据新形势、新情况，对景区的安全设施、安保力量进行重新评估，判断是否存在安全隐患和管理漏洞。

3. 领导负责，专人防治，全员控制

由于景区安全工作的政策性、专业性和法律性都比较强，所以在景区要实行领导安全责任制，并坚持"谁主管，谁负责"的原则，以便明确安全管理的具体职责和标准，并在发生安全事故时能明确追究当事人的法律责任。要在景区推行岗位安全责任制，设置专门的机构，配备专业人员来进行安全的防控和事故发生后的处理。同时，要发动和依靠景区的广大员工共同做好安保工作，达到全员管理的目的。

三、旅游景区安全设施

1. 消防设施设备

消防设施设备种类繁多，构造和灭火性能不尽相同。要在了解消防设施设备用途和局限的前提下，选择适合景区需要的消防设施设备。一般来说，景区要配备的消防设施设备有：干粉灭火器、二氧化碳灭火器、泡沫灭火器、四氯化碳灭火器、消火栓、多用式水枪、自动喷淋器、破拆工具、消防水泵、消防给水管道和消防水带等设施设备。

2. 隔火装置

隔火装置是指某建筑物起火，相邻建筑物在热辐射的作用下无扑救条件、但能起到阻止火势蔓延作用的装置。景区要根据建筑布局和使用性质的要求、火面和建筑物内的防火分区和防烟分区规定，对容易起火的部位与其他部位之间安装防火分隔设施。分隔设施设备要符合燃烧性能和耐火极限的要求，建筑物和耐火等级要与景区的使用性质和规模相适应。具体设施设备有：防火墙、防火门、防火卷帘等。

3. 报警系统

报警系统设施分为火灾报警装置和防盗报警装置，它对防火、防盗等有着重要的作用。此类设施的配备要参考景区所在地的消防法规对使用何种报警系统的具体要求来操作执行。一般来说，火灾报警装置主要有手动报警器（易碎玻璃开关）、警铃、蜂鸣器、烟感报警器、温感报警器等，安装在易燃品库、配电房、贵重设备房间、电子计算机房、景区各游览点、古建筑保护区、林区、重要档案资料库等处。防盗报警装置有开关式报警控制器、载波报警控制器、无线电报警控制器、计算机控制网络、自动红外传感器、声控传感器、超声波传感器等多种，安装在售票处、景区财务部、保险柜、重要仓库、文物贵重物品展览室、重要资料保存处等地方。

4. 防火通道设施

防火通道是建筑物的安全出口，是发生火灾时疏散人员和物资必不可少的重要设施。景区建筑物设计时应考虑到安全出口的数量，疏散走道、楼梯宽度以及楼梯间的类型和门的开启方向等。同时，也要考虑防火通道能否适应疏散人员、物资以及消防车出入的要求。

5. 通信系统

通信系统是为了对景区安全事故做出快速反应而专门设置的一套能尽快通知安全部门采取应急措施的装置。景区常用的通信装置有步话机、紧急消防电话和广播喇叭。步话机由安保人员携带，可以在所有携带者之间直接对话，有利于巡逻人员、消防人员以及门卫之间的互相联系，并在发生紧急情况时做出快速反应。紧急消防电话安装在楼梯间的墙壁上，与消防控制中心联系。广播喇叭安装在景区各游览点、饭店、餐厅、娱乐场所等游客集中的地方，便于控制中心在发生紧急情况时疏散游客。

6. 电视监视系统

电视监视系统是由摄像机、电视监视房、电视屏幕操作机台、录像等部分组成。景区可在各出入口、交通路口、检票口、游览必经通道、文物展览室、停车场、游乐场所和其他存在潜在安全事故的敏感位置安装摄像头或电视监视器。它能较全面地掌握景区各关键部位的情况，如景区客流量、人员进出情况、可疑的人和事、突发紧急情况、交通状况、违法行为、安全措施执行情况等，都能通过电视屏幕显现出来，对保护景区、游客的财产安全，监督员工及公共场所能起到一定的作用。但该系统也有它的缺陷，必须是在较严格的监视制度和对观察到的情况有能力做出反应时，才算起到了有效的监视作用。由于该系统的被动性，故在关键部位还需加派保安人员加强巡逻。

7. 紧急供电装置

停电事故可能是由外部供电系统引起的，也可能是内部供电发生故障或人为破坏引起的，在景区并不鲜见。停电事故关系到景区财产、游客和员工人身、财物的安全，因此，景区应配备紧急供电装置。该装置在停电后能立即自行启动供电，以维持景区的正常运营秩序，防止不法分子乘机作乱。同时，景区还要配备足够多的应急灯。

8. 景区安全标志系统

景区安全标志系统包括通用安全标志和消防安全标志两个子系统。通用安全标志是由安全色、几何图形或文字、图形符号构成的，用以表达特定安全信息的标志，其作用是为了引起人们对不安全因素的注意，预防事故的发生。为了提醒游客注意安全，景区应按照国家规范的安全标志符号在游客集散地、主要通道、危险地带等区域设置安全标志系统。根据国标 GB2894—1996《中华人民共和国安全标志》，通用安全标志分为禁止标志、警告标志、指令标志和提示标志四种。消防安全标志是由安全色、边框、图像为主要特征的图形符号或文字构成的标志，用以表达与消防有关的安全信息。景区要按照 GB13495《消防安全标志》和国标 GB15630《消防安全标志设置要求》设置景区消防安全标志。

四、旅游景区安全管理制度

景区安全管理制度是为了保证景区和游客的安全所制定的章程、程序、方法和措施的总称，是景区全体员工在经营服务中必须遵守的规范和准则。景区安全管理制度的内容有以下几方面。

1. 管理工作制度

管理工作制度是按照景区经营管理和安全工作的客观要求，对安全管理范围、内容、程序和方法所作的规定，是指导景区员工开展各项安全活动的准则和规范。其主要内容有：教育培训制度；游客贵重物品管理制度；要害部位审查和档案管理制度；安全奖惩制度；库房管理制度；值班巡逻制度；设施设备维修和保养制度；捡拾物品管理制度等。

2. 生产技术规程

生产技术规程是指按照经营服务过程中的客观要求，对设计、操作、建筑、用火、用电、危险物品管理、设备使用和维修所作的安全技术规定。它是指导员工经营服务和安全活动规范化的准则，具体包括：设计规范；操作规程；设备维修规程；安全技术规程等。

3. 领导责任制

鉴于景区安全工作的政策性、法律性、专业性都比较强，所以在景区的安全管理上实行领导责任制十分必要。领导责任制要规定具体的职责和标准，以便于对领导工作的考核和评价。

4. 经济责任制

按照责、权、利对等的原则，将安全工作任务加以分解，层层落实到部门和个人，把完成任务的情况和安全工作的好坏与职工的经济利益挂钩，调动全体员工做好安全工作的积极性，促进和保证各项安全制度的贯彻落实。

5. **安全岗位责任制**

安全岗位责任制是规定景区员工在工作岗位上所担负的安全工作范围、内容、任务和责任的制度。主要包括：员工安全岗位责任制；各职能机构专业人员安全岗位责任制；领导干部安全岗位责任制等。有了岗位责任制，安全工作的具体任务和责任就可以明确到每个人身上，使员工各司其职，各负其责。

6. **重点要害部位安全责任制**

景区重点要害部位是指：容易发生火灾的部位，如木结构建筑、林区、配电室等；机要部位，如档案室、文献资料室、控制室等；游客、车辆密集部位，如交通路口、游览点、停车场、出入口等；险要部位，如狭窄地段、路段等；文物、贵重物品存放部位，如展厅、库房、修复室等。对景区内的重点要害部位，要安排专职安保人员进行管理。主管安全的领导要熟悉重点要害部位的情况、特点、规律，容易发生问题的薄弱环节以及这些部位人员的思想状况等，注意了解和查清业务活动中的可疑情况和反常现象，发现和消除不安全因素，确保重点要害部位的安全。景区安全管理制度具有权威性、严肃性、稳定性和约束性，是安全工作者多年经验和教训的总结。景区安保人员要认真学习，在工作中做到有法可依、执法必严、违法必究，为景区创造一个安全、祥和的游乐环境。

五、景区安全事故处理人员构成及其职责

1. **总经理办公室**

负责安全事故处理的总协调。

2. **安全保卫部**

负责协调处理安全事故、疏导游客、现场保护及事故中受伤人员的救护。

3. **行政车队**

负责安全事故中的用车安排。

4. **消防队**

负责抢险救火，协调有关部门对火灾等事故进行调查处理。

5. **工程部**

负责安全事故中的水、电处理，景点设施的修复，树木、花草的处理。

6. **医疗队**

负责受伤人员的抢救。

六、旅游景区安全管理对策

1. **建立社会联动系统**

旅游景区安全涉及旅游业各部门和社会各环节。建立由旅游行政管理部门牵头，由旅游地居民、旅游从业人员、旅游管理、治安管理、社区医院、消防、保险、交通等多部门、多人员参与的社会联动系统，形成共享资源、社会关注旅游安全的局面，一方面能够有效地抑制旅游安全问题的发生；另一方面又能够动员全社会力量共同解决安全问题，把安全问

题造成的破坏和损失降到最低程度。

2. **加强旅游安全统计并实时公开**

目前旅游安全统计比较薄弱。一方面可建立专门的旅游安全统计资料库;另一方面可以与公安部门、交通部门、医院、保险部门联合,建立安全信息网络。统计资料既是做进一步研究的基础性资料,又是寻找症结、解决问题从而加强安全管理的先导。同时,旅游安全统计还应向社会公开。这至少有如下优点:① 有利于引起旅游者注意,提高旅游者安全意识,防患于未然;② 引起管理部门的重视以加强安全管理,尽可能控制安全问题的发生;③ 教育和督促发生安全问题的部门(企业),避免类似问题的再次发生。

3. **旅游安全宣传与教育确保**

旅游安全的最有效途径之一也许就是公众教育。由于旅游安全认知现状不容乐观,旅游经营管理人员没有充分认识到旅游安全对旅游业的重要性,部分旅游者对安全也没有客观的认识,甚至对安全问题视而不见,旅游安全问题很大程度是由旅游者、旅游从业人员的疏忽而引发的,因此,旅游安全宣传和教育显得尤为必要。宣传教育既要面向旅游者,又要面向旅游地社区和旅游从业人员。前者可通过旅途中的各种告示(诸如饭店的安全小册子等)和旅游从业人员的安全建议等增强安全意识。旅游从业人员安全宣传和教育包括两部分:一为旅游安全问题的危害性及其与旅游业的关系;二为旅游安全事故的处理。社区宣传与教育则可通过各种招贴告示、新闻媒体乃至学校等各种渠道来完成。

4. **设立专门的旅游安全管理机构**

设立专门的旅游安全管理机构,由专人负责,能保证各项安全管理工作的贯彻实施,有效控制安全问题。尽管部分旅游行政部门、旅游企业(主要是饭店)设立了专门的安全机构,但地方旅游部门、旅游景区旅游安全机构还有待完善。

5. **完善旅游保险机制**

这是顺应旅游发展的需要,是做好安全事故善后工作、保障旅游者合法权益的保证。目前我国旅游保险尚不甚完善,仍存在诸多问题。因此,改革旅游保险制度、制定便于各种旅游者投保的险种是旅游保险的发展方向之一。

6. **构建旅游安全(管理)学科**

鉴于旅游安全在旅游活动中的重要地位和所涉及范围的广泛性、系统研究存在的空白及旅游业发展的深远影响,建立与完善旅游安全学科是十分必要且迫切的。其任务在于对我国旅游业运行中的旅游安全问题进行全面深入的分析与研究,揭示旅游安全的运行规律及其本质,创建旅游安全的管理模式和控制指标,从而得出行之有效的安全管理对策与可靠的解决措施,为建立旅游安全管理规范和标准提供理论依据。

7. **完善安全管理的制度和法规建设**

国家有关部门建立完善的旅游景区安全管理的法规,对新型的旅游活动项目制定安全的技术标准。旅游景区要加强景区内部的管理体制的建设。景区内的规划建设要符合安全技术标准，配备必要的安全设施，设立醒目的安全警示标志。

8. 提高景区安全监测的技术水平

建立旅游景区安全监测网络，提高旅游景区的安全监测的技术含量，例如在森林旅游景区和山岳景区运用全球定位技术进行安全监测等。

国内某景区水上救助管理程序(样本)

1. 目的

保护游客生命、财产安全，规范水上救助工作。

2. 适用范围

本程序适用于××湖面水上救助的管理。

3. 职责

3.1　本程序由水域管理处归口管理，监察大队负责本程序实施的监督；安全保卫处配合做好实施本程序的相关工作。

3.2　管理处负责水上救助中心的组建、水上救助设施配备及具体实施。

4. 管理内容与要求

4.1　水上救助中心配备足够的救生船(艇)，且常年保持完好的状态。同时配备必要的通讯和救生设施。

4.2　救助人员需经过一定的救助知识的培训，具备抢险救生的能力。

4.3　水上救助人员的工作时间：游览淡季，8 时至 18 时处于待命状态；游览旺季，7 时至 24 时处于待命状态；节假日，全天候处于待命状态。

4.4　工作人员应在接警后 10 分钟内赶赴现场实施救助。

4.5　接警后，应及时拉响救助警笛，并通过广播或其他通讯设施，向水上船只通报，便于就近船只施救。

4.6　水上救助中心要在沿湖竖牌公示报警电话。

4.7　水上救助中心要做好救助工作记录。

5. 相关文件

《应急准备与响应控制程序》。

6. 相关记录

工作人员培训记录；救助工作记录编制景区安全管理实施方案。

根据给出的样本，编制某景区治安事故/机械类事故/疾病类事故救助管理程序。

项目四的成果与检测见表 4-2。

表 4-2 项目四的成果与检测

<table>
<tr><th colspan="2">评价的类别</th><th>评 价 标 准</th><th>分值</th><th>得分</th></tr>
<tr><td rowspan="10">项目过程评价(40)</td><td rowspan="6">对个人的评价(25)</td><td>出勤：准时上课，不无故缺勤</td><td>3</td><td></td></tr>
<tr><td>角色履行：正确认识和履行在小组中的角色任务</td><td>2</td><td></td></tr>
<tr><td>团队合作：有团队合作意识，能团结小组成员完成的项目任务</td><td>5</td><td></td></tr>
<tr><td>态度：能积极参与团队项目过程，尊重其他成员</td><td>5</td><td></td></tr>
<tr><td>团队贡献：能积极提出建设性意见和建议</td><td>5</td><td></td></tr>
<tr><td>与人沟通：用恰当的方式解决团队合作问题；用正确的方式与团队成员、老师以及其他人交流，交流效果有效</td><td>5</td><td></td></tr>
<tr><td rowspan="4">对团队的评价(15)</td><td>平等分配项目小组任务和角色</td><td>5</td><td></td></tr>
<tr><td>全体成员工作积极主动，项目活动参与度高，项目工作氛围好</td><td>5</td><td></td></tr>
<tr><td>用正确的方法解决团队工作问题；团队内部沟通及时有效</td><td>3</td><td></td></tr>
<tr><td>积极与课程老师、景区、社会的相关人士及时、有效沟通</td><td>2</td><td></td></tr>
<tr><td rowspan="6">项目结果考核(60)</td><td rowspan="4">结果展示(50)</td><td>注重礼仪、仪容，自信、有亲和力</td><td>10</td><td></td></tr>
<tr><td>解决方案制定准确，符合教学要求</td><td>15</td><td></td></tr>
<tr><td>PPT 汇报流畅，内容丰富、准确</td><td>10</td><td></td></tr>
<tr><td>模拟表演真实，现场感强，符合实际情景</td><td>15</td><td></td></tr>
<tr><td rowspan="2">回答提问(10)</td><td>问题 1</td><td>5</td><td></td></tr>
<tr><td>问题 2</td><td>5</td><td></td></tr>
<tr><td colspan="2">总 评</td><td></td><td>100</td><td></td></tr>
</table>

(1) 王昆欣. 旅游景区服务与管理案例[M]. 北京：旅游教育出版社，2008。

(2) 佟瑞鹏. 旅游景区事故应急工作手册[M]. 北京：中国劳动社会保障出版社，2008。

项目五　景区服务质量控制

旅游景区服务质量直接关系到旅游景区的经营效果甚至旅游景区的生存和发展，也关系到旅游消费者合法权益的维护。只有拥有优质的服务质量，旅游景区才能赢得源源不断的客源，扩大市场的占有率，获得良好的经济效益和社会效益。如果说旅游景区的旅游资源是开启旅游市场大门的钥匙，那么，旅游景区服务质量应该是旅游景区的生命线。因此，旅游景区必须高度重视和抓好这项重要工作。

目标与要求

最终目标：

学会景区服务质量控制。

促成目标：

学会景区服务质量调查。

学会游客满意度分析。

掌握景区服务质量改进方法。

项目载体

项目五的学习载体见表 5-1。

表 5-1　项目五的学习载体

范　例	无锡灵山景区服务质量控制
学生学习载体	无锡鼋头渚景区服务质量控制
课外练习载体	当地 AAAA 级景区服务质量控制

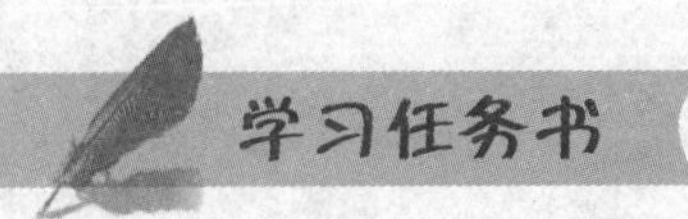

项目五的学习任务书见表 5-2。

表 5-2　项目五的学习任务书

项 目 模 块	学 习 任 务	课　　时
景区质量管理控制	景区服务质量调查	2
	游客满意度分析	2
	景区服务质量改进	2

一、旅游景区服务质量定义

国际标准化组织颁布的 ISO9004—2《质量管理和质量体系要素第 2 部分：服务指南》认为："服务是为满足顾客的需要，供方与顾客接触活动和供方内部活动所产生的结果。"并将服务内容概括为：设施、能力、人员的数目和材料的数量；等待时间、提供时间和过程时间；卫生、安全性、可靠性和保密性；应答能力、方便程度、礼貌、舒适、环境美化、胜任程度、可信性、准确性、完整性、技艺水平、信用和有效的沟通联络。根据以上关于服务的两个定义，旅游景区服务可定义为：旅游景区的管理者和员工在特定的旅游资源环境下，凭借相应的旅游服务设施和旅游服务手段，帮助游客实现各种显性和隐性利益的过程。

二、旅游景区服务质量的构成

景区服务质量既是服务本身的特性与特征的总和，也是旅游者感知的反应，因而景区服务质量既由服务的技术质量、功能质量和形象质量构成，也由感知质量与预期质量的差距所体现。

1. 旅游景区服务技术质量

旅游景区技术质量指景区提供什么给游客，主要指景区服务带给游客的价值。例如，景区为游客提供可供观赏的优美景观，可供游客使用的度假设施，餐馆为客人提供色、香、味俱佳的菜肴；酒店为客人提供干净卫生的床上用品等。技术质量的高低，在很大程度上决定了服务质量的高低。

2. 旅游景区服务功能质量

景区功能质量是指如何提供服务给游客，指游客接受服务时的感觉，即游客对服务的认知程度。例如，饭店服务人员上菜时的动作，旅游服务人员结账时的态度等。功能质量的好坏关键取决于客人的感觉，无论服务人员如何地工作，客人的感觉总是"主观性"属多。因此，在功能质量中，主观的因素占据相当成分，功能质量的变数也相当大。

3. **旅游景区形象质量**

景区形象质量是指景区在社会公众心目中形成的总体印象。景区形象质量是游客感知服务质量的过滤器。如果景区拥有良好的形象质量，些许的失误会赢得游客的谅解，如果失误频繁发生，则必然会破坏景区形象；倘若景区形象不佳，则景区任何细微的失误都会给游客造成很坏的印象。

三、旅游景区服务质量控制的作用

1. **提高游客满意度**

在面对面的景区服务中，生产和消费同时进行。这一特性表明，在服务过程中游客只有而且必须参与到服务的生产过程中去才能最终享用到服务的使用价值。由于游客高度参与服务过程给景区的质量控制带来了很多难以预料的随机因素。更为严重的是，在面对面服务的过程中，游客一旦对服务的某一方面不满，可能会导致他们对整个景区的全盘否定，这就是景区经营管理中著名的100－1＝0效应。因此，加强旅游景区服务质量管理有利于提高游客满意度。

2. **增强游客忠诚度**

服务质量与景区形象是互为相长的。一方面，加强服务过程的质量管理，可以大大提高游客感觉中的整体服务质量，帮助景区树立良好的市场形象，培养游客的忠诚度；另一方面，景区的市场形象又会对游客实际经历的服务质量产生重大影响。如果景区有良好的市场形象，游客往往会原谅服务过程中出现的次要质量问题；反之，则会出现截然相反的后果。因此，加强服务过程的质量管理有助于树立景区良好的市场形象，增强游客忠诚度。

3. **提升景区竞争力**

加强旅游景区服务质量管理有利于增强景区的竞争力。在面对面服务过程中，游客不仅会关心他们所得到的服务，而且还会关心他们是“怎样获得”的这些服务，尤其，当同类型或同档次的景区提供的服务大同小异的时候，“怎样提供”服务将成为游客选择景区的重要标准。高满意度和良好的市场形象，有利于增强景区竞争力。

模块一　景区服务质量控制

学习目标

最终目标：

学会景区服务质量控制。

促成目标：

1. 掌握景区质量调查方法。
2. 掌握景区游客满意度分析。
3. 掌握景区质量改进方法。

学习任务

1. 掌握景区质量调查方法。
2. 掌握景区游客满意度分析。
3. 掌握景区质量改进方法。

任务1 掌握景区服务质量调查方法

一、旅游景区服务质量调查概念

旅游景区服务质量调查是旅游景区服务质量管理的一个重要内容，是保证旅游景区产品以及服务质量的主要手段。因此，必须强化质量调查工作，使其充分发挥监督旅游景区质量的功能。景区服务质量调查是按规定的方法对景区质量有关的资料作系统的搜集、整理和分析，以便找出景区服务质量所存在的问题。通过质量调查结果的综合分析，可以提供质量信息，作为景区服务质量改进的依据。

二、旅游景区服务质量调查的职能

1. **判定职能**

根据调查结果，对景区服务质量进行全面了解，将其与质量标准进行比较，作出质量等级的判定。

2. **把关职能**

根据判定，不合格的景区产品和服务等不能投入使用，不合格的景区工作环节要进行整改。这是调查工作最基本的、最重要的职能。

3. **预防职能**

在景区的运营以及服务过程中，通过调查，取得景区质量数据相关信息，经科学的分析找出影响质量的因素，及时采取有效措施，使已经出现的质量问题得到纠正，使质量隐患得到预防，从而达到旅游景区服务质量控制和质量改进的目的。

4. **报告职能**

把旅游景区调查所获得的信息、数据认真进行分析与评价，向景区管委会领导和有关部门发出报告，为质量决策提供依据。

三、旅游景区质量调查方法

在景区服务质量调查过程中一般会运用如下几种常见的调查方法。

1. **访谈**

访谈是调查人员就景区质量现状和问题与游客以及其他的利益相关者进行直接交谈的信息搜集方法。这是旅游景区质量管理中常用的调查方法之一。在访谈中，调查人员以问为主，通过对被访谈者回答的分析总结，逐步明确景区的问题所在，并了解游客需求。根据被访谈对象身份的不同，分为内部访谈（访谈景区内部人员）与外部访谈（访谈景区外部人员）。一般景区质量调查以内部访谈为主，通过与景区员工，尤其是一线工作人员访谈，充分了解景区质量状况。但如果调查内容涉及旅游者、旅行社和景区合作伙伴时，也可以进行外部访谈。访谈的优点是能很快了解旅游景区质量状况及存在的问题的线索，而且信息量大，能直接了解管理者的情况，调查成本相对小；缺点是旅游景区由于获得信息大多是主观性的意见和看法，缺少事实依据，故不能完全作为确定问题的依据。

2. **问卷调查**

问卷调查是将所需要了解的问题设计成书面问卷，并要求被调查者以书面的形式做出答复，然后对答案进行统计、分析的信息搜集方法。在旅游景区质量调查中，问卷调查的范围主要是游客。考虑到调查成本，问卷调查一般采用抽样调查。根据问题的提问方式不同，问卷调查分为封闭式问卷和开放式问卷两种。通常情况下采用封闭式问卷，即调查问卷设定了固定数目的答案选项。开放式问卷由于会占用被调查者较多的时间，而且统计分析起来有一定难度，一般不被单独使用，而是作为封闭式问卷的辅助。问卷设计应该与旅游景区质量调查目标一致，调查内容要简明扼要，无明显歧义，方便回答，便于汇总、整理和分析。问卷调查的优点是覆盖面广，效率高，信息量大，可以获取针对性的信息；缺点是抽样方式以及样本数量大小对调查结果有很大影响，因此应该进行科学抽样。此外，可以配合其他调查方式。

3. **现场参观**

现场参观是参观旅游景区的管理、服务以及相关旅游产品的现场，这对于调查人员了解景区的经营活动以及旅游产品和服务等各种景区要素的运动、直接感受景区的质量水平、发现景区质量管理中存在的问题非常重要；但由于时间比较短，参观所见难以直接当作证明问题存在的依据，故还需要做补充调查。

4. **现场调查**

现场调查比现场参观更深一步。现场调查是调查人员深入到景区质量检验需要调查的工作环节，通过一定时间的观察、收集和测评相关数据的工作。

5. **资料收集**

资料收集是收集景区内部和外部与景区质量有关的资料，并进行整理、加工的过程。资料内容分为数据资料和文字资料两类。资料收集的方法主要有：① 利用互联网络查询收集资料，了解游客对旅游景区质量的各种评价；② 查阅专业杂志和期刊，了解业内人士对旅游景区质量的各种评价；③ 关注报纸、广播、电视等传统媒体，了解舆论对旅游景区质量的各种评价。

四、旅游景区质量调查的步骤

进行旅游景区服务质量调查，一般遵循以下步骤：① 明确旅游景区服务质量要求。根据景区质量管理体系的相关标准明确相关质量要求，保证调查工作有标准可依。② 制订旅游景区服务质量调查计划。景区服务质量调查计划即景区服务质量调查工作的程序安排，通常包括：调查对象和范围；调查地点和时间；调查方式方法；调查步骤及日程安排；调查组织领导及人员分工；调查报告完成日期。③ 进行旅游景区服务质量调查，收集资料。根据调查计划的实施，运用一定的方式展开调查，搜集资料。景区质量调查资料的搜集可采用多种方式，包括媒体报道、对象访谈、调查问卷等，在搜集资料过程中要客观、真实、典型、系统、全面。④ 形成旅游景区质量调查结果。把调查得到的数据同标准和规定的质量要求相比较。根据比较的结果，判断景区质量是否合格。⑤ 提交旅游景区质量调查报告。记录所得到的数据，并把对产品和服务的判定结果形成调查报告，将其反馈给旅游景区有关部门，以便促使其改进质量。

无锡灵山景区十一黄金周服务质量调查方案

一、指导思想

以科学发展观为统领，坚持以人为本，认真贯彻落实《国务院关于加快发展旅游业的意见》，按照“世界旅游精品、中国景区一流、江苏旅游龙头、全市工作标兵”的要求，进一步优化景区旅游服务环境，强化旅游企业和从业人员质量意识，全面提升旅游服务质量，树立“国际精品旅游景区”良好形象，促进景区经济社会又好又快发展。

二、调查目的

全面提升景区旅游服务水平，增强景区员工的质量意识、标准意识、品牌意识，进一步完善景区旅游管理工作机制，进一步优化旅游市场秩序，提升品牌影响力，不断提高景区生态环境效益、经济社会效益。

三、调查内容

(1) 游客对我景区员工提供的服务进行评价，包括服务质量、服务态度、服务水平、服务技能、服务环境、服务设施等。

(2) 游客对本景区服务流程(售前、售中、售后)的基本建议和意见。

四、调查对象及抽样

针对我景区现有的状况，结合目标市场等特点，在确定调查对象时，适当地针对目标消费者，点和面相结合，有所侧重，尽量做到资料收集的真实和准确。

五、调查对象及抽样

(1) 景区长期客户(批发商、零售商)：150 个。

(2) 景区团队客户：50 个。

(3) 景区个人游客：300 个。

六、调查方法及时间

1. 调查方法

为了保证资料的准确性、及时性和完整性，本次调查采用抽样调查的方式进行问卷、访谈调查。

2. 调查时间

本次调查拟定在 2010 年 9 月 28 日开始，为期 10 天。

3. 调查实施步骤

(1) 自由访谈。由景区游客接待部、景区安保部、景区园艺部、景区咨询服务中心各部门自行组织进行，提炼主题，广泛收集资料。

(2) 制作抽样框，确定样本。

(3) 拟定访问问卷。

(4) 印制问卷、试访问。

(5) 景区督导部负责对已有一定理论和实践经验的市场营销专业的大学生进行访谈法培训，使之掌握访谈方法。

(6) 正式访问。对抽样的单位逐个进行访问。

(7) 样卷回收。当天调查，当天回收，当天审核，及时编号，为下面整理做准备。

七、组织保证

(1) 由景区督导部全面负责规划和实施，进行人员的组织和调配。

(2) 使用训练有素的市场营销专业大学生 10 名作为访员进行本次调查。

(3) 由景区督导部对访员访问质量进行抽检，及时审核。

八、调查经费预算

(1) 调查对象及抽样：2 000 元。

(2) 问卷制作费、调查方案整理方案设计费：5 000 元。

(3) 调查费：5 000 元。

(4) 生活补贴(包括交通费用)：15 人×30 天×15 元/人＝6 750 元。

(5) 汇总整理与分析报告费用：总计 2 000 元。

(6) 资料费：500 元。

(7) 答谢礼品：500 个×2 元＝1 000 元。

(8) 印刷费(包括所有资料、方案、问卷的印刷)：1 000 元。

合计：23 250 元。

(1) 根据范例，为鼋头渚景区制定一份黄金周景区服务质量调查方案。

(2) 学生分小组讨论，并用 PPT 形式汇报。

任务 2 掌握景区游客满意度分析

游客满意度是旅游景区质量的最重要的指标之一。游客满意度对于旅游景区乃至整个旅游业的生存与发展都具有重要的意义。

一、游客满意度概念

旅游景区游客满意度(Tourist Satisfaction)是指游客对旅游景区的旅游景观、基础设施、娱乐环境和接待服务等方面满足其旅游活动需求程度的综合心理评价。游客满意度是一种期望与可感知效果比较的结果，是一种游客心理反应。游客对旅游景区的综合心理评价，即游客满意程度受诸多因素影响，主要表现在三个方面：一是身体素质、文化背景、职业、消费水平、以往旅游经历、感知期望等游客因素；二是产品功能、服务内容、作业流程、促销承诺等因素；三是游客在旅游景区内游乐活动过程中的动态感知因素。游客满意度体现的一系列心理反应，主要包括景观质量感知和服务质量感知两部分，并通过与价格感知的对比形成对旅游地游览价值的感知，由此形成的实际值与期望值的差异将影响旅游者的满意程度。如果实际感知超过活动前预期，即差距为正值时，游客就会感觉到满意，差距越大游客就越满意，游客满意可提高游客忠诚度，树立旅游景区形象；反之，负向差距越大表明游客满意度越低，游客不满可能会抱怨或投诉，损害旅游景区声誉。

二、游客满意度指标体系

游客满意度指标体系可定义为一系列相互联系的、能准确反映游客满意状态的指标所构成的有机整体。为准确测量游客满意度，从旅游景区业务流程的关键环节中筛选反映游客满意度的指标时，要遵循以下原则：指标的代表性，选取的指标应能集中体现景区的整体服务水平；指标的全面性，要能全面反映景区质量水平；指标的可测量性，力求评价指标能用精确的数值表现，便于统计；指标的有效性，设计指标时应尽可能减少各指标之间的重叠区域，将其相关性降到最低；体系的稳定性，评价指标体系一经形成，应尽量保持其基本项目指标和内容的相对稳定性。从旅游景区产品开发，到景区运营服务流程中的每一环节、每一要素，都将不同程度地影响游客满意度。不同类型景区，满意度有不同的指标。甚至同类型的景区，其游客满意度的指标权重也会有所不同。可以筛选出对游客满意度具有代表性的相关指标构成满意度测评体系，从而为景区在经营管理过程中提高游客满意度提供决策辅助工具。

表 5-3　游客满意度指标体系

一级指标	二级指标	权　重	三级指标	权　重
游客满意度(*R*)	游览(*R*1)	*W*1	景观特色	*W*11
			观赏价值	*W*12
			资源丰富	*W*13
			门票价格	*W*14
			游览环境	*W*15
	餐饮(*R*2)	*W*2	特色	*W*21
			价格	*W*22
			卫生	*W*23
			方便	*W*24

续 表

一级指标	二级指标	权　重	三 级 指 标	权　重
游客满意度(R)	交通($R3$)	$W3$	便捷性	$W31$
			舒适性	$W32$
			安全	$W33$
			设施容量	$W34$
			线路安排	$W35$
	住宿($R4$)	$W4$	卫生	$W41$
			舒适	$W42$
			价位	$W43$
			入住时间	$W44$
	娱乐($R5$)	$W5$	项目种类	$W51$
			娱乐性	$W52$
			安全性	$W53$
	购物($R6$)	$W6$	商品种类	$W61$
			购物环境	$W62$
			特色	$W63$
			市场秩序	$W64$
			商铺信誉	$W65$
	旅游景区形象($R7$)	$W7$	景区文化	$W71$
			服务理念	$W72$
			员工形象	$W73$
			接待地居民的热情程度	$W74$
	基础设施($R8$)	$W8$	公共厕所	$W81$
			公共休息设施	$W82$
			引导标志物	$W83$
			安全设施	$W84$
	管理与服务($R9$)	$W9$	旅游投诉	$W91$
			咨询服务	$W92$
			服务方式	$W93$
			服务态度	$W94$
			服务效率	$W95$

表 5 - 3 为旅游景区游客满意度指标体系，分为 3 个级别：第一级为游客总满意度；第

二级为游客满意度指数评价项目层;第三级指标是由第二级指标具体展开而得到,符合一般旅游景区的特点,为评价因子层。依此可以编制旅游景区游客满意度的调查问卷。

三、游客满意度评价步骤及方法

(1) 确定游客满意度评价指标体系。确定指标体系是进行游客满意度评价的基础和依据。指标体系构建参见表 5-3。

(2) 确定指标。体系中各指标的权重指标权重是指单个指标在整个指标体系中占据的重要程度即比例。权重的确定方法有很多种,如德尔菲法、层次分析法、变异系数法等。实际操作中,最常用的方法是层次分析法。权重的确定对保证评价的科学性具有重大意义。

(3) 收集数据。游客满意度评价方法从数据获取的途径看,主要有随机问卷调查、访谈、电话调查、信件调查。其中最常用的是问卷调查。

(4) 选择评价方法。游客满意度的评价也是一种综合评价,其方法很多,有主成分分析与因子分析方法、聚类分析与判别分析方法、距离综合评价法、灰色关联度评价法、数据包络分析法。对于非确定性指标,还有模糊综合评价方法、综合评价的多维标度法等等。在景区管理实践中,最常用的是人们熟知的加权平均法,该方法简单实用。

(5) 计算游客满意度。对各指标进行汇总,计算出综合评价分值。实践中,有采用百分制的,也有采用满分为 1 的,后者更为常用。

表 5-4　无锡灵山景区十一黄金周游客满意度调查表

灵山景区黄金周游客满意度问卷调查表

调查地点:　　　　　　调查时间:　　　　　　调查员:

您好!我们正在进行一项旅游景区满意度方面的调查,您所提供的资料将有助于不断提高我市旅游景区的管理和服务水平,使您得到质价相符的服务。请您协助我们填写这张调查问卷,希望能够得到您的支持!谢谢!

一、游客基本情况

您的性别:A. 男性　B. 女性

您的年龄:A. 18 岁以下　B. 18—24 岁　C. 25—44 岁　D. 45—64 岁

您的职业:A. 学生　B. 教师/科研人员　C. 公司职工　D. 企业管理人员　E. 服务/商贸人员　F. 其他

您的学历:A. 技校/大专　B. 高中　C. 本科　D. 本科以上

您的收入:A. 1 000 元以下　B. 1 000—3 000 元　C. 3 000—6 000 元　D. 6 000—10 000 元　E. 10 000 元以上

二、景区服务质量调查

1. 景区周边的交通状况________

A. 非常满意　B. 比较满意　C. 基本满意　D. 不满意

2. 景区的建筑风貌________

A. 非常满意　B. 比较满意　C. 基本满意　D. 不满意

续　表

3. 景区建筑与环境协调性________			
A. 非常满意	B. 比较满意	C. 基本满意	D. 不满意
4. 景区空气质量________			
A. 非常满意	B. 比较满意	C. 基本满意	D. 不满意
5. 景区文化氛围________			
A. 非常满意	B. 比较满意	C. 基本满意	D. 不满意
6. 景区的环境卫生________			
A. 非常满意	B. 比较满意	C. 基本满意	D. 不满意
7. 景区的引导标识标志牌________			
A. 非常满意	B. 比较满意	C. 基本满意	D. 不满意
8. 景区的道路布局________			
A. 非常满意	B. 比较满意	C. 基本满意	D. 不满意
9. 景区公共休息设施________			
A. 非常满意	B. 比较满意	C. 基本满意	D. 不满意
10. 景区洗手间设施________			
A. 非常满意	B. 比较满意	C. 基本满意	D. 不满意
11. 景区餐饮________			
A. 非常满意	B. 比较满意	C. 基本满意	D. 不满意
12. 景区娱乐活动________			
A. 非常满意	B. 比较满意	C. 基本满意	D. 不满意
13. 景区售票服务________			
A. 非常满意	B. 比较满意	C. 基本满意	D. 不满意
14. 景区讲解服务________			
A. 非常满意	B. 比较满意	C. 基本满意	D. 不满意
15. 景区旅游商品________			
A. 非常满意	B. 比较满意	C. 基本满意	D. 不满意
16. 景区停车设施________			
A. 非常满意	B. 比较满意	C. 基本满意	D. 不满意
17. 景区员工形象________			
A. 非常满意	B. 比较满意	C. 基本满意	D. 不满意
18. 景区安全状况________			
A. 非常满意	B. 比较满意	C. 基本满意	D. 不满意
您对景区的整体印象________			
A. 非常满意	B. 比较满意	C. 基本满意	D. 不满意

(1) 根据范例(表 5-4),为鼋头渚景区制定一份黄金周游客满意度调查问卷,并进行实地调查,发放问卷。

(2) 学生分小组讨论,并用 PPT 形式汇报调查情况。

任务 3　景区质量改进方法

一、旅游景区质量改进概念

旅游景区质量管理活动可划为两个类型。一类是维持旅游景区现有的质量,其方法是"质量控制"。另一类是改进旅游景区目前的质量,其方法是主动采取措施,使景区质量在原有的基础上有突破性的提高,即"质量改进"。由此,景区的质量改进是在充分了解现有景区质量水平的基础上,进一步增强满足旅游者多种需求的能力。景区质量改进的概念应包括以下含义。

1. 景区质量改进的对象

它包括景区产品(或服务)质量以及与它有关的工作质量,也就是通常所说的产品质量和工作质量两个方面。因此,旅游景区质量改进的对象是前面质量管理中所叙述的"广义质量"概念。

2. 景区质量改进的效果在于"突破"

景区质量改进的最终效果是按照比原计划目标更高的质量水平进行工作,得到比原来目标更高的景区质量。质量改进与质量控制效果不一样,但两者是紧密相关的,旅游景区质量控制是质量改进的前提,旅游景区质量改进是质量控制的发展方向,控制意味着维持其质量水平,改进的效果则是突破或提高。

3. 景区质量改进是一个变革的过程

景区质量改进是一个变革和突破的过程,该过程也必然遵循景区 PDCA 循环的规律。由于时代的发展是永无止境的,为立足于时代,旅游景区质量改进也必然是"永无止境"的。此外,还要深刻理解"变革"的含义,变革就是要改变现状。改变现状就必然会遇到强大的阻力,这个阻力来自多个方面。因此,了解并消除这些阻力,是旅游景区质量改进的先决条件。

二、旅游景区质量改进的基本途径

1. 渐进性改进

发挥旅游景区全体员工的积极性,结合职位说明书,采取一系列步骤的改进活动,提高有效性和效率。

2. 突破性改进

指景区质量的重大改进或对现有过程进行修改或改进。

三、旅游景区质量改进对象

1. 景区质量不达标的项目

所谓规定"标准"是指景区质量管理体系中所提出的标准。景区质量指标达不到这些标准的要求,景区就难以吸引游客。

2. 景区质量调查的"问题项目"

在景区质量调查中的"问题项目"有:旅游服务提供过程中的事件记录;旅游者对旅游产品及服务的投诉;游客满意度得分较低的指标;从竞争对手、政府部门、投资方等获得的有关数据。

3. 质量低于行业先进水平的项目

颁布的各项标准只是产品质量要求的一般水准,有竞争力的景区都执行内部控制的标准,这些内部标准的质量指标高于公开颁布标准的指标。因此,选择改进项目应在立足于与先进景区质量对比的基础上，凡本景区质量项目低于行业先进水平者，均应列入计划，制定出改进措施。

4. 质量成本高的项目

有些质量问题的出现，大大增加了景区的质量成本，影响景区的信誉，应特别引起重视。

四、旅游景区质量改进的步骤

景区质量改进的实施步骤如下：

(1) 明确旅游景区质量问题；

(2) 掌握旅游景区质量现状；

(3) 分析旅游景区质量问题产生的原因；

(4) 拟订旅游景区质量改进方案；

(5) 实施旅游景区质量改进方案；

(6) 确认旅游景区质量改进实施效果；

(7) 防止旅游景区质量问题再发生的对策；

(8) 旅游景区质量改进总结。

无锡灵山景区十一黄金周游客满意度调查分析

经过前期的精心准备，我们在景区进行了为期 3 天的调查(问卷见表 5-4)，收回了 100 份有效问卷，客人都按要求认真地进行了填写。经过统计、整理和分析，现就问卷调查表的问题回答结果逐一进行分析。

一、游客基本情况分析

1. 性别

这组数据是调查以后统计而得出的科学结果，从图 5-1 中可以看出被调查的游客有 57%的游客为男性，43%是女性，性别比例合理，可以综合得出游客对景区的评价。

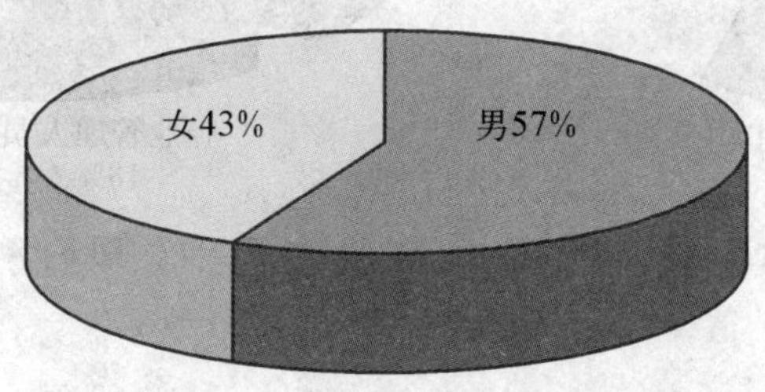

图 5-1 游客性别比例统计

2. 游客年龄

根据统计，从图 5-2 可以看出 25—64 岁这个年龄段的游客所占比重特别大，具体可以发现这个年龄段的人也就是 25—44 岁及 45—64 岁的人。相对而言前一部分人的工作、生活、收入处于比较稳定的阶段，具有一定的经济基础和消费能力。同时，他们的身体健康状况也较好是开展活动的高峰时期，也乐于出游。而尽管 60 岁以上的游客相较于中青年游客来说身体状况有所下降，但在我国这个阶段的人无论是可自由支配收入还是闲暇时间都很充裕，所以这部分人的出游率也相对较高。而 24 周岁以下的游客正处于学习阶段，出游时间相对有限，而且可能会更热衷于风景秀丽的景点。65 岁以上的人群，由于身体原因等限制，相对出游人数较少，但也具有一定的开发潜力。

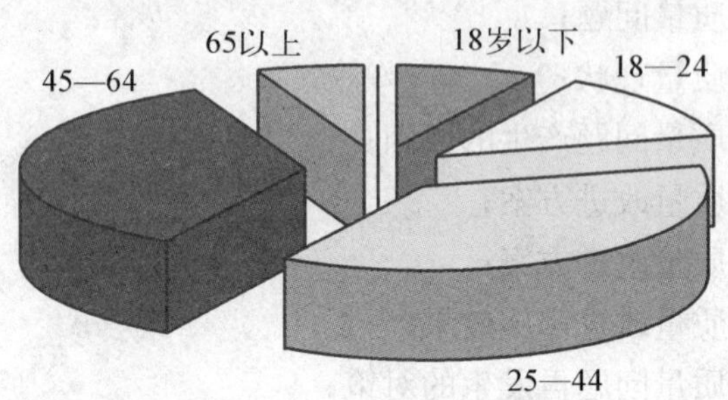

图 5-2 游客年龄比例

3. **受教育程度**

根据对问卷的科学分析我们得出了图 5-3 有效统计结果，通过对比可以清晰地看到来景区游玩的专科以上学历的人较多。初中以下学历的较少，景区可以适当对学生市场进行招揽，前往学校进行宣传，让学生了解宗教知识，这对于增加景区的客源也是有帮助的。

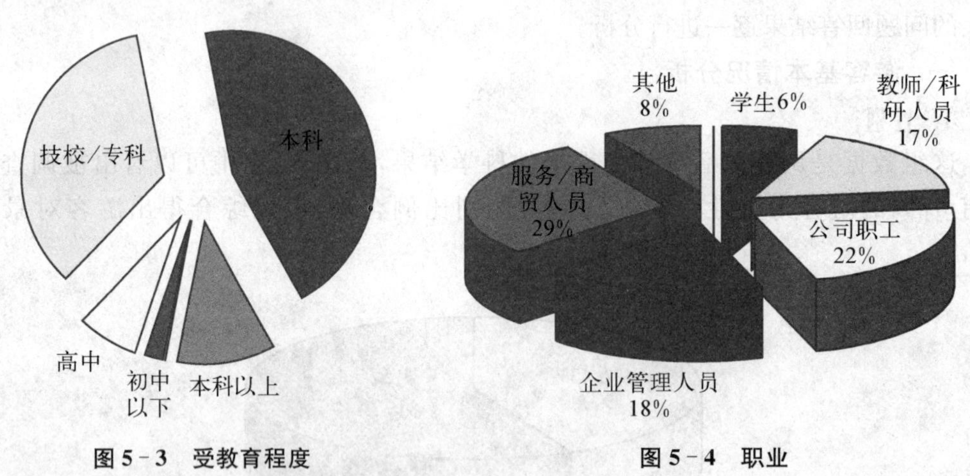

图 5-3 受教育程度　　**图 5-4 职业**

4. **职业**

从图 5-4 可以看出有稳定工作、闲暇时间固定、可支配收入相对盈余的游客占了很大的比例。同时必须指出的是，在职业一例中其他这一项的人占了 8%，经进一步了解这部分客人基本为退休职工，这也说明了老年人市场的发展空间还是很大，他们中的大多数除了游玩，还会烧香拜佛。

5. **游客月收入**

通过图 5－5 可以看出受调查者中 66%的客人收入都在 3000 元以上，能够承受景区 150 元的门票价格，是景区稳定的客源，给景区带来了相应的经济效益。根据访谈得知，他们出游是由公司或单位组织的，也有参加旅游团队前来旅游的，自驾游的也占了约 30%。同时他们还具有一定的购买力，往往会购买景区的旅游商品如禅香、纪念品等等，对景区的收入有很大的支撑作用。同时，据了解这些游客一般还会在景区内部用餐和乘坐景区的交通工具。因此，景区可以促进这些游客的消费，增加景区的经济收入。

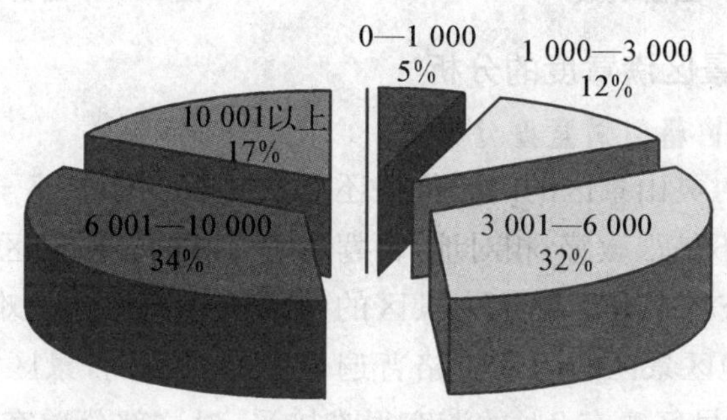

图 5－5　游客月收入

6. **游客出游次数及目的**

将这两组数据安排在一起分析主要目的是可以更清楚地看出游客出游是否偶然或者概率多大。从表 5－5 和图 5－6 可以明显看出第一次来景区的人数最多，占了总人数的 85%，可见景区的对外宣传力度是相当有效的，确实有利于吸引游客的前来。但又有一个现实的问题就是来过的游客是否愿意第二次或多次来景区，这就需要景区不断开发新产品或提高吸引力。同时前来观光的游客数量占了 63%（表 5－5 和图 5－7），如此观光目的与客人来景区的次数有密切的关联，因为一般而言仅以观光为目的很难会有游客客多次前来，所以景区必须牢牢地抓住游客猎奇的心理，不断推出新的产品，用不同的景致和有新意的产品来吸引游客，并产生常来常新的感觉。灵山景区多年来的发展正是如此认识和实践的，景区不断创新和开发新的景点，吸引了源源不断的客流，并形成了一定数量的回头客。

表 5－5　游客出游情况

您第几次来景区	1	2	3	3 次以上
	85%	10%	3%	2%
您来景区的目的是	观光	度假	考察	其他
	63%	24%	3%	10%

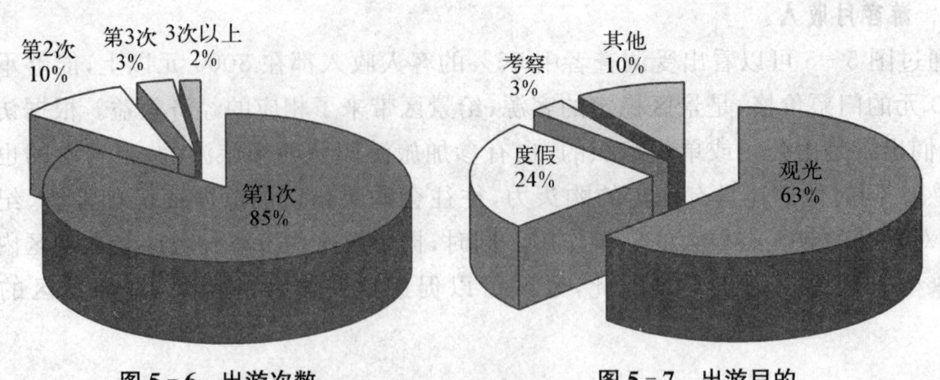

图 5-6　出游次数　　　　图 5-7　出游目的

二、游客对灵山景区满意度的分析

1. 关于景区门票价格的满意度分析

接受调查的游客对灵山景区的门票价格还是意见不一的(图 5-8)：参加团队旅游的游客对景区的价格并不是很敏感；相对地，自驾游游客和散客对景区的门票价格较为关注和敏感。100 位被调查者中有 7 位认为景区的门票价格高得让人难以接受，也就是占总人数的 7%。在江苏地区景区的门票价格普遍显示有点偏高，景区需要大量的建设和维护，特别是这样的大型景区。有 7%的游客很难接受，对这部分游客我们进行了询问和观察，发现调查地点一般都是在还没进去的景区入口，以及来自北方城市居民的人较多，在这上面有一定的地域性差异。剩下的人都是认为价格一般化的人，他们多数是跟团来或仰慕已久对价格不是很关注的人群。但是很多游客在观后都会说 150 元钱的门票花得很值，灵山景区给了他们很大的震撼。根据调查地点和时间不同，对调查结果的影响还是比较大的。

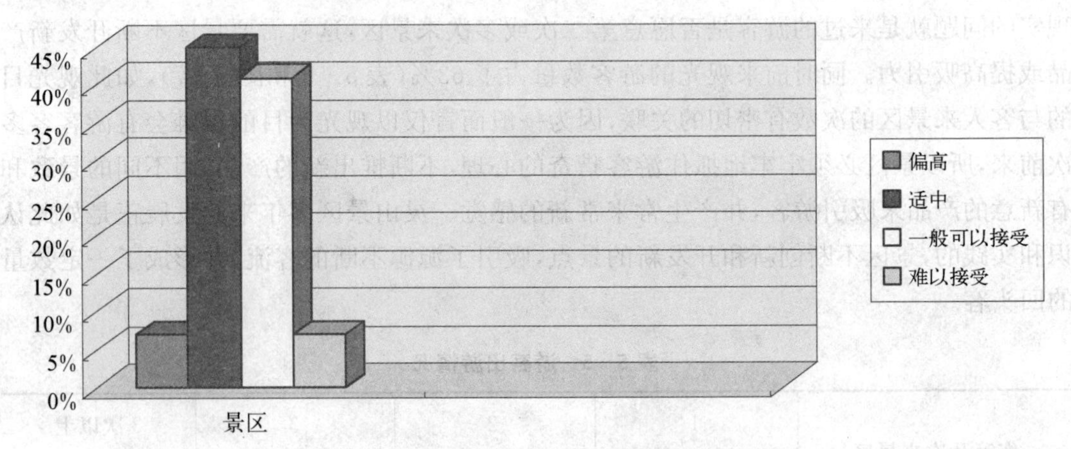

图 5-8　门票价格满意度

2. 关于硬件设施的满意度分析

表 5-6 是游客对景区硬件满意度的调查结果，由此生成图 5-9，用来对数据进行更好的阐述。

表5-6　景区硬件

硬件＼满意度	非常满意	满　意	一　般	不满意
环　境	56%	40%	2%	2%
卫　生	49%	47%	2%	2%
道路布局	62%	33%	3%	2%
提示性标语	83%	12%	3%	2%

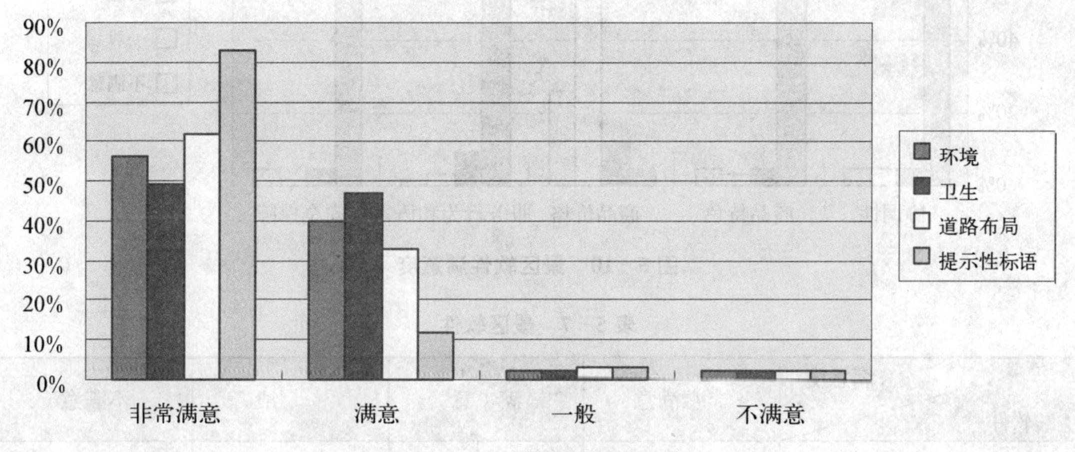

图5-9　景区硬件满意度

由图5-9可以直观地得出景区的硬件设施做得还是比较不错的。

(1) 图5-9显示景区的提示性标语是让绝大多数的游客非常满意的地方达到了83%，满意的是12%，一般的是3%，不满意的为2%。这充分说明了景区在这方面做得很好，唯有不足的地方是有些导游就提出指示牌上的语言类提示语种不是很充分。

(2) 第二个做得比较到位的是道路布局，因为灵山景区的主要大道是一眼可以看到大佛的，所以游客不太会走失。对布局非常满意达到62%，满意34%，一般3%，不满意有2%，也是很好的。不满意者提出景区需要改进的地方是，该布局在夏季的时候并不是很好，没有一定的可遮阳的地方，确实需要改善。

(3) 第三个还行的是环境，但是游客提出灵山景区的总体环境还是很不错的，由图5-9可见不满意者有2%，这2%比例的游客提出景区的卫生环境和人文环境都是相当棒的，只是有一些细节问题上做得不是很好。

(4) 景区卫生包括环境卫生、饮食卫生等，游客给出的满意度在非常满意的占49%，满意占47%，一般2%，不满意占2%。综合分析与上面的几个不相上下，非常满意的数量不高的原因是卫生方面总有一些差强人意的地方，景区很大，游客很多，有时不能做到及时清理，所以存在着问题。

虽然硬件满意度比例较高，可是我们依旧不可掉以轻心，应以可持续发展为前提，更有力地开发景区的环境卫生、道路等，并请专业人士为景区进一步的开发及保护做规划，请广大游客作见证。

3. **关于软件设施的满意度分析**

下面对图 5-10 和表 5-7 进行详细的分析。

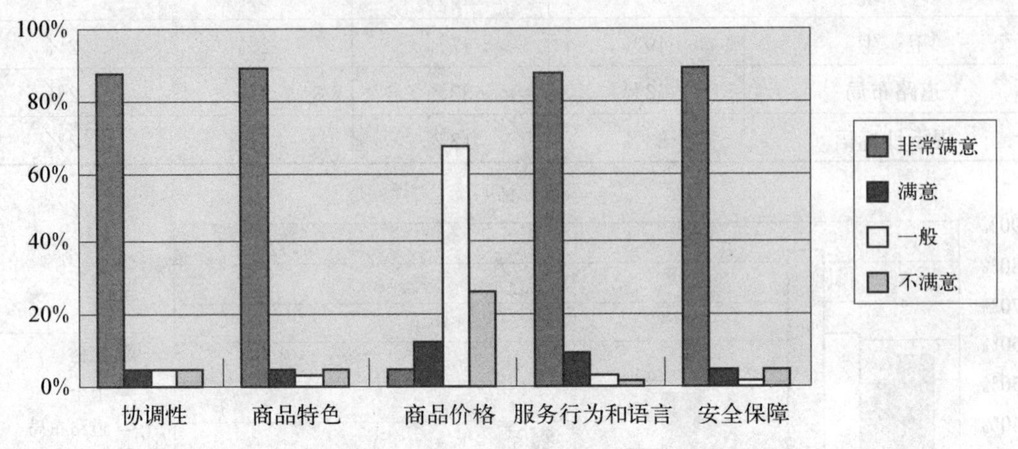

图 5-10 景区软件满意度

表 5-7 景区软件

满意度 软件	非常满意	满　意	一　般	不满意
协调性	87%	5%	4%	4%
商品特色	89%	4%	3%	4%
商品价格	5%	12%	67%	26%
服务行为和语言	87%	9%	3%	1%
安全保障	89%	5%	2%	4%

由表 5-7 生成图 5-10 便于解析和观察。

(1) 从图 5-10 中可以明显发现的是商品的价格与其他的几个相比差距幅度比较大，非常满意的仅有 5%，满意的占 12%，一般的占 67%，不满意者占到了 26%。景区内的商品价格分为旅游商品和景区餐饮商品的价格。究其主要原因是景区内一般商品的价位确实是高于外面的，这体现了商品在不同时间不同地点价值是不一样的，在各景区都是有这种情况的，游客的不满意主要集中在景区内求香的价位偏高，对于一般游客来说来一次景区不容易，所以都会请香，游客反映有点价位偏高。

(2) 景区协调性，非常满意的高达 87%，满意占 5%，一般占 4%，不满意占 4%。这 4%的不满意者多来自于学术性较高的游客，很少有一般游客对此进行评论。

(3) 商品特色，非常满意的占 89%，满意占 4%，一般占 3%，不满意者占 4%。可以得出景区商品让游客比较满意的结论。商品不仅可以体现景区的特色，同时可以代表地方特色，灵山景区内部有佛教特色商品的专卖，也有普通游客爱好的地方特色产品专柜，调查中游客很多都表示这一点让他们很满意。

(4) 服务行为和语言，非常满意的占 87%，满意占 9%，一般占 3%，不满意占 1%。服务人员的服务态度和水平的高低会直接影响到游客对整个景区的满意程度，态度和水平的直接体现便是服务的行为和态度。景区采用酒店式面客态度，要求员工在上班时着统一服装，导游人员必须淡妆上岗，体现了对游客的尊重。导游活动的满意度主要是体现在对于导游讲解的满意度以及导游讲解的收费满意度，虽然在调查表中没有点出，但是在现场调查中我们依旧对旅客进行了提问，游客指出对于导游讲解方面不是很在乎它的收费，主要还是对于讲解的满意度，灵山景区的导游讲解让游客非常满意，在梵宫的讲解中导游的服务态度还有讲解都很到位，这里的讲解是免费提供的，游客满意度相当高。

(5) 安全保障，非常满意的占 89%，满意占 5%，一般占 2%，不满意者占 4%。从图 5-10 看出景区的安全保障是本景区做得最好的地方，景区安全主要是设施设备安全、游客人身安全、饮食安全，以及交通安全等，在这些方面让游客很满意，景区营业到现在没有发生过一起因旅客安全导致的投诉案例，安全指数达到被调查人数的 89%，是相当不容易的。

3. 游客对景区的总体水平满意度评价的分析

在上面的调查分析内容和图表中，我们对景区的硬件和软件设施两个方面进行了分析，总体上游客对景区的满意度还是很高的(图 5　11)。在这两方面分析中也突出了景区中存在的竞争优势及景区经营中存在的弊端，从而为景区进一步的开发提供了可靠的依据。而在所有的游客满意度调查分析中对景区旅游的开发水平满意度也进行了调查分析。调查发现近几年景区的开发水平得到了一定的提高，无论从规模上还是设施方面都在不断地扩建和完善，同时该景区能够集思广益，从游客需求方面多方位地考虑，真正做到了满足游客的需求，站在游客的角度为游客考虑。也正因为如此，该景区获得了众多游客的好评和支持。

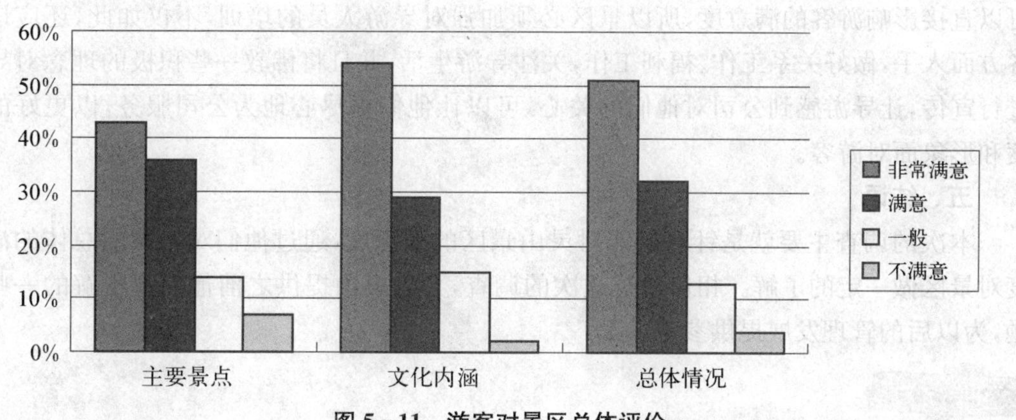

图 5-11　游客对景区总体评价

三、景区不足与建议

由上可见游客总体上对于景区的景点、服务设施、服务项目、旅游商品以及价格等各方面还是比较满意的，但同时游客也提出和反映了一些不足之处，具体有：

(1) 完善景区服务设施。如休息的地方的亭子的修葺,游览车的季节改变等。景点的的道路布局上还是有一些问题,直道上的供游客休息的场所很少,很多夏季来的游客觉得很晒,也就是遮阴的地方很少。平常遇到大雨的话景区里会有积水。

(2) 景区的指示牌的指引不是很清楚,语种只有汉,英,日。

(3) 导游普遍反映梵宫的表演出现虎头蛇尾,表演过于简单。

(4) 在旅游商品方面,问题最多的就是香的价格普遍偏高。

(5) 景区卫生方面的细节做得不是很到位。

(6) 景区的软件服务方面依旧有部分工作者把个人的情绪带到工作上来,服务时有所怠慢。

四、改进措施

(1) 在直线道路上,特别是九龙灌浴演出场所,到夏季的时候需要增加一定的休息场所;在平时注意排水系统的安全状况,将不是很好的地方进行整理和改造。

(2) 景区的指示牌是面向多数游客的,可以适当地再加一些语种书写。

(3) 灵山景区的梵宫演出很多导游和游客都反映不是很好,需要扩充内容。表演过于简单,应该多一些与佛教有关的演出,更贴近灵山的主题,多营造浓厚的佛教氛围。

(4) 应该在旅游商品上补充种类,满足游客需要。景区的特色产品会直接影响旅游者对旅游景区最基本的感知。景区内产品所具有的地方特色及新奇的快感,是不引起旅游者不满意的前提;旅游者到旅游景区最基本的是享受旅游吸引物特色产品带来的愉悦感。

(5) 在景区卫生方面加强督促,从各方面入手,提倡大众卫生,不仅对景区内部人员同时应对游客进行宣传。

(6) 旅游是人们为了不断完善和充实自身而产生的一种高层次的追求,而文化是旅游的基础。因此,景点导游的服务是为了更好地满足游客对于灵山景区的知识需求,帮助其更好了解灵山景区的背景、发展历史以及其内在的博大精深的佛教知识等。导游服务可以直接影响游客的满意度,所以景区必须加强对导游人员的培训,不仅如此,还应该从各方面入手,做好关系工作、福利工作,关注导游生活,并且将佛教一些积极的理念对导游进行宣传,让导游感到公司对他们的关心,可以让他们更尽心地为公司服务,以更好的态度和形象面对游客。

五、结语

本次的调查主要就是针对游客对灵山景区的满意度,通过他们对景区的总体的满意度对景区做一定的了解。相信通过这次的调查,会为灵山提供之前他们不了解的一些问题,为以后的管理发展提供参考。

(1) 根据范例,以游客满意度调查问卷的数据为依据,撰写调查报告,并提出改进意见。

(2) 学生分小组讨论,并用PPT形式汇报。

附件：《重渡沟风景区管理制度汇编》

前　言

为了建立健全高效有序的工作运行机制，提高管理水平，增加经济效益，培养企业文化，创新企业风格，增强企业凝聚力，依据国务院颁布的《风景名胜区管理暂行条例》之有关规定，结合重渡沟风景区的工作实践和现状，特对原有工作制度加以重新拟定、修改和完善。“无规矩无以成方圆”，此番拟定的“管理规范”将作为本景区的内部规章，以“从严治区，划清职责，自戒自律，赏罚分明”为原则。力求条款合理，操作简便，管理规范，有章可循。通过规范化管理，使景区干部职工，从个人到集体形成与景区“一损俱损，一荣俱荣，同心同德，荣辱与共”的企业风格，形成“自尊自强、自勉自励、务实创新、爱岗敬业、团结奋进”的新的道德时尚。以制度来提高员工素质，规范员工行为，指导员工操作，调控员工心态，力求景区工作制度化、规范化。

企业精神

发展方针：

拉大框架，完善设施，强化管理，改革创新，打造品牌。

奋斗目标：

建一流班子，带一流队伍，

搞一流服务，创一流业绩。

团队风格：

自尊自强，敢为人先，务实创新，

爱岗敬业，荣辱与共，团结奋进。

服务宗旨：

一切为了游客，为了游客一切，为了一切游客。

工作准则：

旅游无小事，事事必认真。

第一章　机构设置

一、总经理办公室（总办）

二、财务部

三、接待部

四、营销部

五、市场部

六、票务部

七、水上运动娱乐中心

八、建设部

第二章 员 工 守 则

第一条：遵法制

学习理解并模范遵守国家政策法令和本景区的各项规章制度，争当一名好员工。

第二条：爱集体

和本企业荣辱与共，关心本景区的经营管理情况和经济情况，努力钻研业务知识，不断提高工作能力，牢固树立"团队"、"竞创"、"协作"、"责任"的企业精神。

第三条：听指挥

服从领导指挥，不折不扣完成本职工作和领导交办的一切任务。要依照民主集中制原则，坚决支持、热情帮助领导开展工作。

第四条：守纪律

不迟到，不早退，出满勤，干满点。上班时间不串岗，不办私事，不饮酒，不在禁烟区吸烟，不私拿或损坏公物，不私设灶具自制饮食，不做有损团结的事。

第五条：重仪表

保持衣冠、头发整洁。严禁酒后上岗，上岗按规定着装、佩标。男不留长发，不留胡须；女打扮适度，淡妆上岗。

第六条：讲礼貌

处处做到文明用语，礼貌待客，不以肤色、服饰、种族、信仰取人。与客人相逢要主动谦让；与客人同行，礼让客人先行；同乘车辆，主动让座、让客人先上先下。

第七条：讲卫生

常洗换衣服，常理发，常剪指甲。身上无汗味、无异味。戒烟酒，勿食生葱生蒜，保持口腔清洁。

第八条：讲站姿

1. 站要直。挺胸、收腹，沉肩。

2. 双脚着地，双膝开分约 15 厘米。

3. 双臂自然下垂于身体两侧或放于背后。放于后时，左手放在右手的手背上。

4. 头部端正，目视前方。面部表情自然，略带微笑。不得前俯后靠，不得两手插兜或叉腰抱肩，不得前后踢腿或单腿打点，不得东张西望或摇头晃脑，不得与别人长时间聊天。

第九条:敬客户

1. 接待客人时要尊重其人格。与客人交谈时要站立端正,面带微笑,态度诚恳、谦和,语言文明有分寸。听取客人意见时要耐心,不抢话,不插话,不争辩,必要解释时,不起高腔,冷静面对并及时上报。

2. 尊重客人风俗习惯,不指点,不讥笑,不议论。对生理有缺陷的客人或小孩不歧视、不嬉戏。不得收受客人所赠礼品。

3. 对待客人咨询,做到有问必答,不得以“不”、“不知道”、“不会”、“不管”、“不行”等生硬、冷淡的语气和态度回应客人。

4. 接电话要及时,铃响不得超过三声,接电话时要先说“您好”,然后细心聆听对方说话;回话时声调温和,注意使用本岗位文明用语。重要内容的电话要做出电话记录并及时向领导报告。

5. 会见客人时,不必主动伸手,必要握手时要面呈笑容,姿势端正,用力适度,注意不用左手,握手时另一手不得插入兜内。

6. 面对客人不得有化妆、修指、剔牙、挖耳、打饱嗝、伸懒腰、打响指、哼小调等举动。

第十条:守机密

在与客户和外人交谈中,不谈论本景区的一切是非,不议论客户长短,不透露内部文件、资料、报表、总结中的任何内容,下班时先对以上资料收锁后再离开,保证无泄密。

第十一条:保廉洁

不图私利。馈赠品如数交公,不得私留。不贪污,不受贿,不挪用公款,不以权谋私,勇于揭发不法行为,敢于同不良现象作斗争,树立正人正气,打击歪风邪气。

第十二条:勤节俭

克服“家大业大,浪费难免”论,消灭“长明灯”、“长流水”,珍惜设施设备,节约器具器材,做到物尽其用,精打细算紧缩开支,切忌铺张,发扬勤俭兴业的优良传统。

第三章 各部门工作职责

一、总经理办公室(即总办)工作职责

(一) 围绕景区全局工作目标的实施,充分发挥其参谋、助手作用,高效、优质地为领导和各部门提供周到的服务。

(二) 做好上下、内外“三个协调”工作(即景区与上级,景区与当地村、组,景区与内部各部门),认真做好上情下达、下情上报的工作,确保信息的及时贯通和反馈。

(三) 按景区领导的工作安排及时地对各部门的工作进行必要的督查、促办、考核、记录、统计、上报和公布等,确保上级指示、领导决策和全局工作得以及时有效地贯彻落实。

(四) 加强调研和信息的综合处理工作,负责对涉及全局性文件材料的起草、印刷、传阅、建档、归档日志填写等项工作。

(五) 及时做好景区领导层、中层干部及其他有关会议的组织,做好会议记录,确保景区各阶段的工作在各部门的贯彻落实。

（六）做好上级领导、兄弟单位来客、来访人员的接待、食宿安排、陪同参观、调研等各项工作。

（七）做好劳动人事的管理工作，及时编报劳动人事工资计划，严把劳动人事工资手续关。

（八）负责组织全局性的政治业务学习、人员培训，开展丰富多彩的文娱体育活动。

（九）严格按照国家计生政策和上级有关规定抓好本景区单位计划生育工作。

（十）抓好人员的考勤、考核，会同各职能部门抓好卫生、车辆、安全和后勤供应等各项工作。

（十一）做好对外的宣传、推介、联络工作，完成领导临时交办的其他各项工作任务。要求办公室工作人员每月必须向县级以上媒体上报信息两条，对表现突出者，年终给予一定的奖励。

二、财务部工作职责

（一）严格按财经纪律和财务制度办事，严把"开支范围"和"开支标准"两道关。

（二）严格审查原始报销凭证，严格执行景区主管领导"一支笔"审批签字制度不走样。

（三）准时向上级部门呈送报表，及时向景区领导汇报财经情况，为领导提供准确无误的决策依据，并配合领导合理运筹资金流向。

（四）恪守财务工作操作规程，记账准确、及时、完善，做到手续完备无缺，数据准确、清楚、无误。

（五）严格现金管理规范，及时收好各部门应缴资金，严禁截流、挪用。确保领导外出及参与重大涉外活动的资金正常供应。

（六）严格票证管理规范，杜绝白条入账、充账，认真做好票证的发放、使用、核销和票款入库工作。及时购置票证，保证正常业务供应。确保无差错。

（七）加大对景区所有财务活动的监督和审查工作力度，确保景区财产不受损失，并对固定资产和所需物品的购进、使用、消耗情况进行全面监控，保证不铺张、无流失。

（八）严格恪守财务保密制度，确保任何有关财务信息不外泄。

（九）随时做好领导临时交办的其他工作任务。

三、接待部工作职责

（一）严格按照《家庭宾馆管理制度》对景区内从事宾馆行业的商户进行规范化综合管理，杜绝无照经营、无序经营、私拉乱接、欺诈游客的不法现象发生。

（二）统筹协调管好旅行社(团)及散客的接待和食宿安排工作。

（三）配合工商、公安、卫生等上级主管部门按《家庭宾馆注册登记制度》和《验收标准》、《游客登记》、《卫生许可》等项规定对申请开业的商户进行严格验收，办理相关证照，保证从业人员合格上岗。

（四）配合相关部门经常检查入住游客的登记、查房、补漏、卫生状况、饭菜质量、价格、经营状况，发现问题就地处理，及时解决。

(五) 按收费标准,对家庭宾馆按时足额收费,不准拖欠或徇情少收或不收。

(六) 经常开展家庭宾馆的评优表先活动,该奖励的奖励,该升格的升格,该挂旗的挂旗,引导从业人员遵纪守法,树立景区良好形象,让入住游客住得舒心、吃得顺心、玩得开心。

(七) 接待中心要坚持24小时值班,不得脱岗、串岗或漏班。

(八) 根据游客所需语种提供导游讲解服务。

四、营销部工作职责

(一) 营销部各驻外办工作人员要有超前的个宣意识和宣传思维能力,认真组织客源,强化宣传辐射范围,善始善终,无论在何时何地不得有损重渡沟景区声誉的事件行为发生。

(二) 注重和各旅游景区、旅行社网络联系,攀新结缘,不得以任何理由拒客于门外。

(三) 各旅行社要按重渡沟风景区与旅行社之间签订的协议标准执行,淡旺季节、省内外来客一视同仁,不得擅自提高或降低优惠标准。

(四) 对军人、记者、残疾人、学生以及老年人要认真贯彻执行各级政府规定的各项优惠政策,并要想方设法为他们提供优质服务。

(五) 营销部要采取各项营销措施,加强业务学习,努力提高自身素质,使重渡沟风景区达到电视有影、报纸有名、电台有声。

五、市场部工作职责

(一) 市场管理

1. 依照《市场管理制度》的要求,结合景区实际开展创建文明景区、文明经商、文明管理活动。

2. 合理布局,规范定点,挂牌亮证,优质服务,创建市场经营设施标准化、服务规范化、管理制度化的"三化"治理模式。

3. 做好景区市场门面、摊位的合理招标出租工作,加强对从业营销人员的技能培训及职业道德教育,确保景区市场经营有序。

4. 结合工商、税务、物价和技术监督部门对商户进行质量、价格、计量、位置、售后服务管理,严厉查处欺客、宰客、缺斤少两、哄抬市价、强买强卖等不正之风,对查处的违规现象依照《市场处罚条例》,公开、公正地就地予以重罚。

5. 负责落实景区市场内所有摊位、门店的卫生管理,保持市场店面整洁、环境优美、秩序井然,并按有关法规收取商户的摊位费和卫生费。

6. 负责市场外部环境的综合治理工作,对购物进行集中管理,保持市场环境整洁、秩序良好,无围追兜售、强买强卖。

7. 严禁占道经营和店外经营,不妨碍游客抢占道路和景观空间。

8. 负责景区公共场所、游览区、生活区、道路、停车场、卫生间、餐饮区的环境卫生打扫与管理。及时把景区垃圾拉运到指定地点。

(二) 停车场管理

1. 保证进入景区旅游车辆通行有序、停放到位、安全行驶、道路畅通。

2. 文明执岗，礼貌待客，礼貌应答游客、司机咨询。

3. 督促环卫工及时清理场地垃圾、油渍，保障停车场无脏、乱、差现象。

4. 严禁农户、游客在停车场内点燃明火，确需燃放烟花爆竹和点燃篝火，必须在景区管理人员的指导下，按照指定地点举办篝火晚会和燃放烟花爆竹。确保停车场和周边居民的人身、财产安全。

5. 看护停车场夜间停放车辆及出入登记工作，防止停车场盗车、损车行为发生。

（三）旅游安全管理

1. 负责对景区游乐项目的监督管理。

2. 负责对景区爬梯、栈道进行检修，排除一切安全隐患。在危险地段设立安全标识。

3. 旅游高峰期在景区主要路段设专人疏导，避免拥挤而造成安全事故。

4. 配合安全部门对游乐项目进行安全设施检查及安全培训工作。

5. 与乡村医院签订救护合同，配合医务室做好游客突发急救工作。

6. 配合总办做好夏季防汛及冬季防火、防雪等中心工作。

7. 积极配合投诉中心处理好本部门被投诉事件。

六、票务部工作职责

（一）售票处要严格执行门票管理规定，坚决杜绝擅自加价、降价和逃票、漏票现象，做到唱收唱付、准确、快捷。

（二）票款要做到日清月结，严禁坐支和挪用，长款归公，短款自赔。

（三）保证 24 小时值班服务，不准脱岗、串岗或由他人代售门票。

（四）检票处切实做好门票的检验、补票工作，不得徇情私下减价和免票。

（五）负责组织持票游客有序进入景区，防止拥挤，及时处理好检票中的突发事件。

（六）做好旅游车辆登记工作，按规定标准足额收取停车费。

（七）不经景区主管领导批准，售票工作人员私自降低收费标准，除个人补交所降票款外，对当事人处以 30—50 元的罚款，情节严重的，景区将予以停岗或解聘。

七、建设部工作职责

（一）全面负责组织本景区总体规划、建设维修和规划工作的具体实施。

（二）负责各项规划的编制、评审和报批，并按规划的要求建设景区的各项基础设施和辅助设施。其立项、报批、概预算、招投标、验收、结算都要有相关的方案、图纸、合同、记录等相应文牍资料备案。

（三）万元以上工程可对外承包，以少花钱多办事为前提，严把工程进料、质量关。监督施工单位保质保量限期完成各项工程建设任务。

（四）负责对景区内旅游基础设施和服务安全设施的定期检查维修，及时排除景区内因设施失修而造成的各种安全隐患。

（五）加强对景区内旅游资源的发掘和管护工作，诸如古树名木、奇花异草、文物古迹、匾碑石刻、古刹庙宇等要进行登记，立档归档，并采取相应的保护措施。

（六）负责审查各类建设项目，并结合相关部门对破坏生态、景观、古迹文物，污染环境,滥伐竹木,捕杀鸟兽,妨碍游览的现象进行综合治理。

(七) 及时完成领导临时交办的工作任务。

八、警务区工作职责

(一) 全面负责景区安全保卫工作,协调、督导有关部门及时排查和消除安全隐患,确保游客和景区工作人员、营销服务人员人身和财产安全,严禁非法携带枪支弹药、刀具、易燃易爆等危险物品进入景区。

(二) 负责景区内火灾、交通、踩踏、跌伤等突发事件的应急预案的制订、演练及应对处理。

(三) 负责景区领导、机关工作人员的安全保卫工作。

(四) 及时查处景区内一切违法违纪行为,对扰乱公共秩序、破坏公共环境行为,要从严、从重、从快处理。

(五) 保护好景区景观和动、植物及旅游资源不受损害,及时查处乱采乱挖、乱砍滥伐、乱搭乱建、违规建筑等违法现象,对责任人严厉处罚。

(六) 坚持每日 24 小时值班、执岗、巡逻,不准脱岗、串岗和漏岗。

第四章 规 章 制 度

一、考勤管理制度

(一) 景区员工统一实行考勤请假制。

(二) 员工考勤表由总经理办公室指定考勤员填写,考勤员要认真如实填清员工上班、请假、旷工、迟到、早退情况。如发现表内有故意造假行为应立即撤换并报请景区处理。

(三) 员工因事或因病请假必须填写请假条。2 天以内的(包括两天)由该职能部门负责人准批;2 天以上 5 天以内(包括 5 天)由部门负责人提出意见报请主管副总经理批准。各部门负责人和副总经理请假和员工请假 5 天以上的均由总经理批准并通知总经理办公室注册。请假回来到准假领导处和办公室办销假手续。擅自超过准假时限者均按旷工论处。

(四) 各部门负责人在保证不误工作和人员出勤天数不少于规定的情况下,可合理安排员工轮休。对不能出满勤者,扣除缺勤时间的工资。

(五) 满勤天数为每月扣除双休日天数。公假日照常上班。月勤超出满勤时数,应视为加班时间。

(六) 迟到、早退者(晚上班 3—15 分钟为迟到,超过 15 分钟按旷工半日;早下班 3—15 分钟为早退,超过 15 分钟按旷工半日)第一次扣工资 5 元,第二次扣工资 10 元,第三次扣 15 元,依次推算,月底汇总,直接从当月工资中扣除。

(七) 员工不请假离岗或超假的视为旷工。旷工 1 天扣当月工资总额 5%,2 天扣当月工资总额的 10%,一月内累计旷工 4 天以内者待岗 2 个月,连续旷工 2 天或累计旷工 5 天的景区将予以除名。

（八）员工1个月内迟到、早退累计6次以上者待岗1个月。

（九）上班期间因公、私事外出，须经该部门负责人批准并须按时返岗。不经批准私自外出视为脱岗按旷工处理，贻误工作造成损失的将追究其责任。

（十）员工若遇突发性私事无法事先请假的，须用电讯工具或书信、口信形式请假，若假期已满而事未完时，须事前与主管联系，办理续假手续。

（十一）员工因公出差，须到办公室填写公差单，并由该部门负责人批准签字后，方许离岗。

（十二）婚、丧、产、节育、探亲假等均按国家有关规定执行。须事先办理请假手续，事后销假。假期中工资照发。

（十三）考勤表月底由总办公室汇总由总经理审核签字后交财务部门作为当月计发工资的依据。并应在本部门全体工作人员会议上宣布，并通报全景区。

二、劳动人事管理制度

（一）入职

1. 所有员工由景区统一安排录取。

2. 被录取员工由总办办理入职各项手续（包括服装发放、押金收取、员工档案卡、登记册等）。

3. 所有新员工必须经过3个月的试用期，外聘人员须经过1个月的试用期，试用期满工作表现合格者，由部门经理书面提请总办批准转正，转正后签订《劳动合同》，方可成为正式员工，若不合格者，可提前辞退。

（二）在岗

1. 凡在我景区各部门岗位上工作的员工，均视为在岗员工。

2. 在岗人员中分为试岗、上岗、待岗三种类型，景区根据员工本人的政治业务素质、工作表现和其他情况确定其在岗类型。

3. 试岗：有下列情形之一者应视为试岗：

(1) 经考试合格，试用期内的员工；

(2) 试用期内的外聘人员；

(3) 见习期内的学校毕业生；

(4) 试用期内的导游人员、环卫人员、司机及其他临时雇用人员。

4. 上岗：试用期满，工作表现良好，与景区签订正式合同的员工。

5. 待岗：有下列情形之一的应视为待岗：

(1) 政治业务素质低下，主观努力不够，完不成本岗本职工作任务和领导交办的其他任务，经批评教育后无改进的；

(2) 违犯党纪国法和有关法规的；

(3) 严重违犯本景区规章制度的；

(4) 1月内迟到、早退累计6次以上的；

(5) 1月内旷工累计1至4次的；

(6) 年内一次性请事假在1个月以上的；

(7) 年内一次性请病假在2个月以上的。

（三）待岗人员由部门负责人提出书面意见，经总经理办公会议研究批准后实施。待岗人员名单应在全景区员工大会上公布。

（四）被确定为待岗的员工，在待岗期间由总经理办公室统一安排，时间为1个月。待岗期满后，由总经理办公室会同有关部门对其考查，达到上岗条件者，由总办提出上岗意见，报请总经理办公会议批准后安排上岗，达不到上岗条件者，待岗期限可延长1个月，1个月后再不合格者，景区予以辞退。

（五）待岗期间不发工资、奖金及其他一切补助费，只发生活费。

（六）离职

1. 员工在合同期内要求辞职必须提前7天向所在部门递交书面申请，景区部门主管及有专业技术的人员要求辞职必须提前15天向分管的副总经理递交书面申请，副总经理、总经理要求辞职必须提前1个月向董事会递交书面申请，经批准后报总办备案，未经批准私自离职的，景区将不给予任何补偿(包括相关押金及工资)。

2. 经审批后，辞职者或被辞退者必须到总办领取离职表格，由本人填写后在3天内到所在部门和相关部门办完一切离职手续(工装、配置物品的交回等)，最后由总经理批准，方可离岗。

3. 员工办理完毕各项手续后，依据本部门提供的考勤到财务科结清工资及其他费用。

4. 员工在未办理离职手续前，必须坚守岗位，照常上班，否则按景区相关条款处理。

5. 员工离开景区后与景区脱离一切关系，与景区的权利和义务关系相应解除。

三、员工培训管理制度

（一）培训内容

1. 员工培训应根据其所从事的工作，以专业培训和岗位培训为主。

2. 管理人员应充分了解政府有关方针、政策和法规，学习和掌握现代管理理论和技术，提高市场预测能力、控制能力、决策能力。

3. 专业技术人员如财务人员、工程技术人员、厨房人员等，应接受各自的专业技术培训，努力掌握本专业的理论知识和业务操作方法，从而提高专业技能。

4. 基层管理人员应通过培训充实知识，提高实际工作能力。

5. 基层工作人员须学习景区及本部门各项规章制度，掌握各自岗位职责和要求，提高业务水平和操作技能。

（二）培训方法

1. 由专业教师讲课，系统地讲授专业基础理论知识、业务知识操作技能，提高专业人员的理论水平和实践能力。

2. 景区内部业务骨干介绍工作经验。

3. 组织员工到优秀景区参观学习，实地观摩。

（三）培训形式

1. 长期脱产培训，主要培养有发展前途的业务骨干，使之成为合格管理人员。

2. 长期脱产培训，主要适用于上岗培训或某些专业性强的技术培训。

3. 业余培训，鼓励员工积极参加各种与本职工作有关的培训，并承认相应的学历。

（四）培训档案

1. 人事管理人员应建立员工培训档案，将员工的培训内容、培训方式、考核成绩及时记录在案。

2. 取得培训证书人员的考核成绩应与工资晋升、提拔任用相结合，对于取得优异成绩者景区可以给予相应的奖励。

（五）要按计划、分批分阶段结合实际对员工进行培训，逐步提高员工队伍素质。

（六）本景区的工作人员都要参加岗位培训，培训结束成绩合格者，发给培训合格证书。

四、重大事项报告制度

凡以下事情需报告景区主要领导：

（一）县级以上部门领导前来景区检查指导工作。

（二）上级有关部门和县四大班子通知的会议或事情。

（三）涉及全局的政治荣誉和整体工作的事情。

（四）各部门的非生产性开支。

（五）建设工程的指标、款数、进度、质量等问题。

（六）影响社会稳定及人民生命财产安全的事件。

（七）景区内发生重大的事件和突发性事故，各部门重要决定和工作部署等。

（八）外商来访及洽谈项目的。

（九）其他需要请示的。

五、工装管理制度

（一）工作人员上班时，必须按规定穿着工作服装，必须保持衣着干净、整洁、大方。

（二）工作人员的服装不得私拿乱借，严禁丢失和损坏，违者按有关规定处理。

（三）着工装时要整体统一，不得工装和普通服装混穿、乱穿。

（四）在单位组织的一切活动中需要穿工装的必须按要求统一着装。

（五）其他场合穿着时，要按规定进行着装，树立重渡沟景区良好形象。

（六）在脱离重渡沟旅游景区工作岗位时，工装要按要求及时上交。

六、环境卫生管理规定

（一）凡在景区内的住户、单位和个人都应遵守本规定，自觉维护景区内的环境卫生，不随地吐痰，不乱丢垃圾。

（二）景区环卫队要确保旅游道路沿线、停车场和主要景点随脏随扫，全日保洁。严禁在景区内抽烟，景区工作人员见到抽烟等不文明行为时应予以制止，并将垃圾或烟头熄灭后放到垃圾箱内。

(三) 所有在景区内从事服务行业的单位和个人,以及驻景单位、当地居民等,必须保持责任区域内环境卫生整洁,严禁养猪、养狗,乱排污水、乱倒垃圾。

(四) 景区内的道路和公共场地上,不准违章堆物、私搭乱建。施工场地要围栏作业,工完场清。

(五) 不准乱摔玻璃酒瓶,不准乱扔果皮、纸屑、食品袋、饮料瓶等废弃物,严禁随地大小便。

(六) 厕所必须每天冲洗,粪便及时清运,做到"四无"(无臭味、无蚊蝇、无蛆虫、无随地便溺)。

(七) 宾馆、饭店内的各类用具要有清洁消毒制度或卫生保洁措施,被单、褥单、枕巾等必须做到一客一换。

(八) 凡进入景区内的车、船等交通运输工具要保持整洁,无漏油、抛弃垃圾等现象。保证景区道路干净畅通,严禁任何单位、农户在道路、停车场打麦、晒粮、焚烧秸秆、堆放杂物。

(九) 凡违犯上述规定的,视其情节轻重处以30—300元的罚款。

七、票务部管理制度

(一) 工作人员下岗必须统一着装,佩戴工作证,端庄大方,热情待人,以礼待客。

(二) 工作时间不准脱岗、串岗和酒后上岗,不准会亲友、带小孩,不准办与工作无关的事。

(三) 工作中必须使用普通话和文明用语,细致、耐心地回答游客的提问。

(四) 售、检票员必须坚持两人一组的工作制度,按规定出售和查验有效日期的门票,凡出售假票、废票或借工作之便谋取私利、贪污、受贿或挪用票款者,一律予以除名,并交送司法机关依法处理。

(五) 凡私自放人或不负责任、不按规定导致无票进入景区的,第一次写出检查,在本部门作出检讨,补齐应收票款,并通报全景区待岗一个月;第二次除补齐应收票款外,给予当事人应收票款数3倍的罚款,并通报全景区予以除名。

(六) 严格执行门票管理规定及相关财务制度,旅行社、团体购票时应查阅对方与本单位签订的定团协议、出团计划书等有关证件。

(七) 游客购票时,售票员要主动讲明票价,提高收款速度,点钞、点票快捷、准确,减少顾客等待时间。

(八) 门票实行一人一票制,对于旅行社、团体检票时,检票员要上车点清游客数量及门票数量并查看团队有关证件,门票扫描或打孔后方可放行。

(九) 在景区提供旅游服务行业的从业人员凭本人工作证件进入景区。

(十) 认真填写进入景区的旅游车辆管理卡,并按规定足额收取停车费。

(十一) 当发生强行入内不交停车费时,工作人员应态度和蔼,礼貌处理,并及时与部门领导联系,不得中断检票工作。

(十二) 根据所在地村民直系亲属登记表,认真查验进入景区村民亲属有关证件。

（十三）随时填写游客流量统计表，每小时将游客流量向游客中心上报一次。

（十四）售票员下班后，清点当天所有票款，确保票款安全无误上交财务，短款自赔，长款归公。

（十五）严禁非售票人员进入售票房，非计算机操作人员不得使用计算机。违犯上述规定的员工，经批评教育仍不悔改者，景区将按有关规定将其除名。

八、游乐项目管理规定

（一）景区内所设滑道、滑索、人工湖、游艇、船舶、人工抬轿、漂流、滑草场等游乐项目必须经县质量技术监督局、安全生产监督局及相关部门验收合格后方可开业。以上项目区均由市场部负责统一管理。

（二）各项目经营区域内有危险的地段必须设置安全警示标志，警示设施必须醒目规范、部位合理，语言中英文对照。对特别危险的地段还要安装防护栏、网。提醒游客注意旅游安全的广播要定时播放。

（三）在项目区入口处的醒目位置，必须设置“游客须知”、“操作规程”和“安全责任制”。

（四）市场部要指派专人对各游乐项目进行监督管理，发现问题认真解决。对存在安全隐患的，要及时上报景区领导，责令项目经营人停止营业，限期整改。

（五）各游乐项目区应配备必要的消防设备，做好消防安全工作。

（六）各游乐项目区的操作人员要严格遵守操作规程，不得违章作业。工作人员应随时提醒游客注意旅游安全，避免因得意忘形而引发安全事故发生。

（七）各游乐项目区的经营法人为第一责任人，一旦发生安全事故首先追究经营法人的责任。

九、滑索、滑道、滑草场管理规定

（一）滑索、滑道和滑草场的各种设施和器械均须达到国家标准，并经县质量技术监督和安全监督部门的验收许可方可开业。

（二）滑索、滑道和滑草场内均设安全巡查监督员。经常检验钢索、滑道和草场各关键部位设施的安全状况，发现问题，及时上报，限期整改。

（三）经营业主为安全第一责任人，必须确保无安全事故发生，一旦发生事故，承担全部责任。

（四）滑索、滑道和滑草场工作人员要在上班前打扫好卫生，检查好设施和器械。旅客到后要维持好秩序，起点和终点、出口和入口都要有人值班，确保不出现互相拥挤踩踏现象。

（五）游客上索入道前操作人员应讲明有关安全注意事项，佩戴好安全防护器械。游乐活动中游客要配合工作人员做好安全防护工作。

（六）对钢索等器械要定期检验、维修、保养和更换，确保游乐过程中不能因器械破损失灵造成任何安全事故。

（七）操作人员严格按照操作规程操作，每天上班前必须对安全设施、游乐设施进行检查,试运行并做好安全运行记录。

十、关于湖水上乐园管理制度

(一)工作人员要举止文明,服务热情,服装整齐,持证上岗。

(二)讲究船只、湖面卫生,每日营业前,先对船只、湖面打扫清捞干净,湖内无杂物。

(三)定期对船只、救生衣等设施检查、检修,每日营业前必须试运行一次。

(四)游艇操作员要严格遵守操作规程,中速行驶,定员乘坐,严禁超员,靠岸后,按次序编号有序停放码头。

(五)儿童上船时,必须由家长等监护人员陪同,严禁精神病患者、痴呆、晕船和酒后的游客乘船游玩。

(六)巡视员全天 24 小时轮流值班,坚守岗位,不间断检查湖面及四周安全状况,严禁任何人下湖游泳、不穿救生衣者上船。

(七)行船前,必须检查游客救生衣佩戴、救生圈放置情况,对游客讲解乘船须知、急救常识,一旦有人溺水,要吹急救哨,以最快速度向岸上求助。

(八)妥当使用配置的摩托艇、救生圈、安全广播、水上拉网等抢救器具,遇到紧急情况,安全员必须一分钟内赶到现场,3—5 分钟把事故处理完毕。

(九)汛期内,科学调度,蓄泄兼顾,防止坝顶溢流现象发生。

十一、水上运动娱乐中心管理制度

(一)工作人员上岗后必须统一着装,佩戴工卡,端庄大方,服务热情,礼貌待客,有吃苦耐劳精神。

(二)认真清扫上下码头及河道卫生,保持全天场地干净洁净,河道畅通无漂浮物。

(三)遵守劳动纪律,严格按照景区规定执行售票检票工作。

(四)维持好场地秩序,认真检查、保养船只,保障游客安全游玩。

(五)游客上船前,要做好漂流船只、救生衣佩戴等设施检查,认真细致向游客讲解漂流须知、安全救护常识等工作。

(六)安全护漂员必须坚守岗位,沿河道两岸巡查船只运行情况,一旦发生事故,及时进行救护处理。

(七)科学调度河水,蓄泄兼顾,保障船只顺利漂行。并做好汛期内防汛工作,严禁阴雨天气下河进行漂流运动。

(八)水上运动娱乐中心管理人员要经常对船只、救生衣等设施进行检修、晾晒、维修,防止霉烂、受潮、变形。因责任心不强、管理不善造成船只损坏的,对当事人处以 50—100 元的罚款。

(九)船只到达,下码头时,要及时收回,确保运输服务车准确及时运输船只、游客,确保水上漂流正常运行。

十二、游客接待中心工作制度

(一)遵守工作纪律,保证工作时间做到不迟到,不早退,不旷工,不脱岗,不在上班期间吃零食、办私事、说闲话。

（二）讲究礼仪规范，做到服装整齐，仪态端庄，举止得体，语言文明，服务热情周到，亲切和蔼。

（三）根据分工，明确责任，按照程序认真完成当日的工作。严禁工作时间喝酒接待游客，发现一次罚款 30—50 元。在游客中造成恶劣影响的重罚，直至解除聘用。

（四）讲究个人卫生、办公场所卫生。做到地面清洁，墙壁干净，窗玻明亮，桌、椅、柜摆放整齐。

（五）坚持 24 小时值班制度，值班人员要遵守时间，处理好值班期间的一切事务，做好值班记录。保障室内安全，秩序良好，公共财物不受损坏、丢失。

（六）工作人员三个一：一口流利的普通话，一笔好字（导游员一项绝活），一份永远快乐的好心情。

（七）接待游客六个一：一脸微笑，一声问候，一句请坐，一杯热茶，一份关切，一声再见。

（八）接待工作两个二：二分钟忘掉烦恼，二声铃响必接电话。

（九）接待工作五个不：不能对游客说“不知道”或“不是我事我不管”；不能与客人争吵；不能收受游客的礼品、回扣；不能假公济私、徇私舞弊；不能做任何有损于景区形象和声誉的事情。

（十）接待工作实行首问负责制。接应游客要求一办到底，不能没有回应，不能半途而废，不能不做任何努力而予以回绝。

（十一）导游上下山实行签到挂号制和导游员预备制，导游员要上山有记录，下山要挂号，并建立导游员预备档案，以备应急。

（十二）建立个人工作日志，实行个人填报、自我鉴定、班组评议、经理督查制度。

（十三）制度执行要做到令行禁止，否则根据违反制度内容、情节及引起的不良后果处以 10—50 元罚款，给景区造成经济损失的还要予以赔偿，情节特别严重的给予开除处分。

（十四）建立制度执行记录，每天由接待部经理会同业务主管根据当天执行情况实事求是认真填写。

（十五）认真收发每一份传真，回复时要核准确认。并妥善保管，严禁他人乱翻乱看。

（十六）按照统一安排原则，并遵守旅行社、游客要求，统筹安排好入住家庭宾馆游客。

（十七）重大节假日、黄金周应根据传真数量对入住农家游客认真登记、编排、联系。架起游客、旅行社与家庭宾馆之间的连心桥。

十三、导游管理制度

（一）按照规定语种提供讲解服务，努力学习，提高自身素质和业务技能。

（二）讲解期间，做到站姿标准，讲解生动，语言规范，仪表整洁，举止端庄。

（三）及时有效地讲解景区线路中有关注意事项和旅游知识，随时解答游客提问，不得敷衍。

（四）带领游客游览应善始善终、尽职尽责，不得“丢客”、“甩客”。

（五）结合景点自然景观结构，传播科普知识。

（六）在不影响正常讲解的情况下，为老、弱、病、残的游客提供热情的搀扶服务。

（七）不得以任何理由与游客发生争吵。

（八）不得向游客索取小费及提出其他要求。

（九）以上规定若有违反，视其情节轻重，给予批评教育，停班整顿，直至停职处理。

十四、投诉处理制度

（一）投诉事件均由“投诉中心”负责受理，各相关部门要积极配合，协同处理。

（二）对人民群众和游客的来访，工作人员要文明礼貌，满腔热情地接待，认真诚恳地同他们交谈，并做好记录、登记工作。

（三）以“实事求是”为原则，深入实际调查研究，弄清事情真相，严禁徇私舞弊、主观臆断。

（四）严格按照有关政策法律、法规和规章制度秉公处理事件，办事做到公平、公正、合理。

（五）当时能解决的不得推诿、拖延；当时解决不了的，要在接到投诉之日起 3 日内处理完毕；对三日内不能解决的重大事件，要立即向主管领导报告。

（六）投诉中心委托其他部门处理的投诉事件，处理后必须将结果报“投诉中心”备案归档。

参考文献

［1］ 孔永生. 导游细微服务[M]. 北京：中国旅游出版社，2007.

［2］ 王昆欣. 旅游景区服务与管理案例[M]. 北京：旅游教育出版社，2008.

［3］ 赵黎明，黄安民，张立明. 旅游景区管理学[M]. 天津：南开大学出版社，2002.

［4］ 邹统钎. 旅游景区开发与管理[M]. 北京：清华大学出版社，2004.

［5］ 姜若愚. 旅游景区服务与管理[M]. 大连：东北财经大学出版社，2008.

［6］ 吴贵明，王瑜. 旅游景区安全案例分析[M]. 上海：上海财经大学出版社，2008.

［7］ 钟志平. 旅游商品学[M]. 北京：中国旅游出版社，2005.

［8］ 王瑜. 旅游景区服务与管理[M]. 大连：东北财经大学出版社，2009.

［9］ 王昆欣. 旅游景区服务与管理[M]. 北京：旅游教育出版社，2004.

［10］ 卢晓. 旅游景区服务与管理[M]. 北京：清华大学出版社，2009.

［11］ 周国忠. 旅游景区服务与管理实务[M]. 南京：东南大学出版社，2007.

图书在版编目(CIP)数据

景区服务/方小燕主编. —上海:复旦大学出版社,2011.11
(复旦卓越·21 世纪旅游管理系列)
ISBN 978-7-309-08550-1

Ⅰ. 景… Ⅱ. 方… Ⅲ. 风景区-商业服务-高等职业教育-教材 Ⅳ. F590.6

中国版本图书馆 CIP 数据核字(2011)第 220717 号

景区服务
方小燕 主编
责任编辑/罗 翔

复旦大学出版社有限公司出版发行
上海市国权路 579 号 邮编:200433
网址:fupnet@fudanpress.com http://www.fudanpress.com
门市零售:86-21-65642857 团体订购:86-21-65118853
外埠邮购:86-21-65109143
上海申松立信印刷有限责任公司

开本 787×1092 1/16 印张 9.25 字数 192 千
2011 年 11 月第 1 版第 1 次印刷
印数 1—4 100

ISBN 978-7-309-08550-1/F·1777
定价: 20.00 元